Louisa Frühauf

Güter, Markt & Preise einfach und lebendig erklärt

wirtschaftliche Zusammenhänge schülernah und methodisch abwechslungsreich aufbereitet

Wir haben uns für die Schreibweise mit dem Sternchen entschieden, damit sich Frauen, Männer und alle Menschen, die sich anders bezeichnen, gleichermaßen angesprochen fühlen. Aus Gründen der besseren Lesbarkeit für die Schüler*innen verwenden wir in den Kopiervorlagen das generische Maskulinum. Bitte beachten Sie jedoch, dass wir in Fremdtexten anderer Rechtegeber*innen die Schreibweise der Originaltexte belassen mussten.

In diesem Werk sind nach dem MarkenG geschützte Marken und sonstige Kennzeichen für eine bessere Lesbarkeit nicht besonders kenntlich gemacht. Es kann also aus dem Fehlen eines entsprechenden Hinweises nicht geschlossen werden, dass es sich um einen freien Warennamen handelt.

1. Auflage 2024

Autor*innen: Louisa Frühauf
Covergestaltung: Kirstin Lenhart München
Umschlagfoto: stockadobe.com, rabbit75_fot
Illustrationen: Corina Beurenmeister, Steffen Jähde, Atelier Trantow
Satz: Typographie & Computer, Krefeld
Druck und Bindung: Korrekt Nyomdaipari Kft.
ISBN 978-3-403-**08900**-1

www.auer-verlag.de

Vorwort 4

Die eigenen Bedürfnisse unter der Lupe

Didaktisch-methodische Überlegungen 5

Was sind meine Bedürfnisse? 10

Einordnen der Bedürfnisse in die Maslow-Pyramide 11

Wie aus einem Bedürfnis eine Nachfrage wird 13

Wie beeinflusst Werbung meine Bedürfnisse? 14

Das Eingehen eines Tausches

Didaktisch-methodische Überlegungen 16

Arten und Nutzen von Gütern 22

Die Knappheit von Gütern 24

Das ökonomische Prinzip 28

Der Wirtschaftskreislauf 30

Der Markt als Ort des Tausches

Didaktisch-methodische Überlegungen 32

Was ist ein Markt? 37

Eine Alternative zum Markt: die Planwirtschaft 38

Soziale Marktwirtschaft in Deutschland auf dem Prüfstand 40

Internationaler Handel 41

Das Geld als Tauschwert einer Ware

Didaktisch-methodische Überlegungen 42

Die Bedeutung des Geldes 47

Wie funktioniert die Preisbildung? 48

Bedeutet ein hoher Preis zugleich eine hohe Qualität? 50

Inflation und Deflation 52

Nachhaltig wirtschaften

Didaktisch-methodische Überlegungen 55

Was bedeutet nachhaltig wirtschaften? 61

Wie können Unternehmen und der Staat nachhaltig wirtschaften? 63

Nachhaltige Unternehmen auf dem Prüfstand 66

Wie kann ich selbst nachhaltig wirtschaften? 68

Vorwort

Liebe Lehrkräfte,

ich freue mich sehr, dass Sie sich für dieses Werk entschieden haben. Daraus schließe ich, dass Sie die ehrenwerte Absicht verfolgen, einen wesentlichen Beitrag zur Bildung Jugendlicher im Wirtschaftsbereich zu leisten. Dadurch fördern Sie unter anderem das Treffen begründeter Konsumentscheidungen seitens der Schüler*innen sowie die wirtschaftliche Stabilität und Nachhaltigkeit.

Dieses Werk verfolgt das Ziel, Lernenden der Klassen 8 bis 10 die Grundlagen und Zusammenhänge wirtschaftlichen Handelns zu vermitteln. Anhand des ersten Kapitels „Die eigenen Bedürfnisse unter der Lupe" analysieren die Schüler*innen ihre eigenen Bedürfnisse und verstehen sich dadurch selbst als einen Teil der Wirtschaft. Das zweite Kapitel „Das Eingehen eines Tausches", das insbesondere auf den Wirtschaftskreislauf eingeht, beschreibt den Lernenden die Wirtschaft als einen Tauschprozess zwischen verschiedenen Akteur*innen. Dass der Markt der Ort ist, an dem der Tausch stattfindet, wird den Schüler*innen durch die Untersuchung verschiedener Märkte im Rahmen des dritten Kapitels „Der Markt als Ort des Tausches" transparent. Innerhalb des vierten Kapitels „Das Geld als Tauschwert einer Ware" analysieren die Schüler*innen unter anderem die Bedeutung des Geldes. Zudem erläutern sie die Preisbildung. Im Verlauf des fünften Kapitels „Nachhaltig wirtschaften" wird den Schüler*innen die Wichtigkeit eines zukunftsverträglichen Handels deutlich.
Die Kapitel und Unterrichtsstunden können aufeinander aufbauend oder auch losgelöst voneinander zum Einsatz kommen. Alle Inhalte knüpfen an die Lebenswelt der Schüler*innen an und motiviert diese, sich mittels abwechslungsreicher und handlungsorientierter Aufgaben mit der scheinbar abstrakten Thematik zu befassen. So analysieren die Schüler*innen beispielsweise einen Werbeclip, arbeiten Inhalte aus aktuellen sowie ansprechend aufbereiteten Erklärvideos heraus und festigen Begriffe spielerisch.

Die einzelnen Abschnitte dieser Materialiensammlung werden durch didaktisch-methodische Überlegungen eingeleitet. Auf diesen grau unterlegten Seiten finden Sie auch den Erwartungshorizont zu den Aufgaben der Arbeitsblätter. Die Arbeitsblätter für die Lernenden folgen im Anschluss. Den didaktisch-methodischen Überlegungen können Sie ebenfalls entnehmen, welche Kompetenzen Ⓚ durch die Arbeit mit den Materialien angebahnt werden. Zudem finden Sie hier Informationen zu Einstiegsmöglichkeiten, zu ggf. benötigten Materialien, zu möglichen Hilfestellungen für die Lernenden sowie zur Sicherung der Inhalte und zu Möglichkeiten der Weiterarbeit.

Auf den Arbeitsblättern finden sich Aufgabenformate in zwei Schwierigkeitsstufen:

- **Niveau 1** (Grundniveau) ★: sprachlich einfach; leichte Aufgaben
- **Niveau 2** (anspruchsvolles Niveau) ★★: sprachlich anspruchsvoll; mittelschwere und auch komplexe Aufgaben

Je nach Wissensstand, Leistungsfähigkeit und Arbeitstempo Ihrer Schüler*innen kann eine Unterrichtsstunde zwischen 45 Minuten und 90 Minuten Unterrichtszeit in Anspruch nehmen. Für die Nutzung der QR-Codes wird ein Smartphone oder Tablet mit installierter Barcode-Scan-App benötigt.

Ich wünsche Ihnen viel Freude und Erfolg bei der Unterrichtsdurchführung!

Ihre
Louisa Frühauf

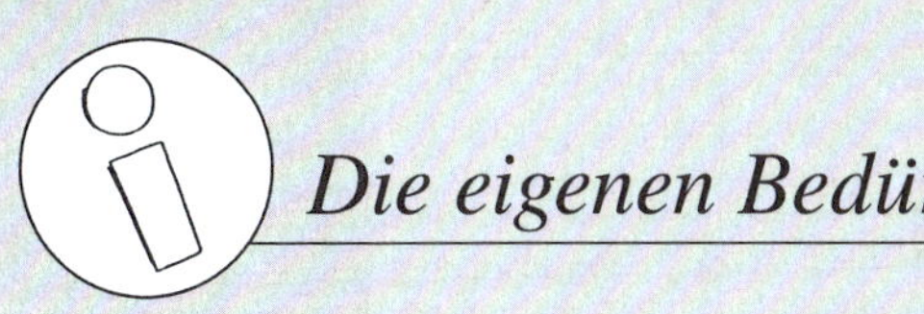

Die eigenen Bedürfnisse unter der Lupe

Didaktisch-methodische Überlegungen

Die Bedürfnisse der Menschen sind der Ausgangspunkt für wirtschaftliches Handeln. Daher werden die Schüler*innen in dieser Unterrichtseinheit dazu angehalten, ihre eigenen Bedürfnisse zu untersuchen. Durch den Fokus auf das eigene Ich der Schüler*innen (die *eigenen* Bedürfnisse unter der Lupe) wird zudem eine Grundmotivation für die Auseinandersetzung mit der Thematik „ökonomisches Handeln" geschaffen und die Bedeutsamkeit des Themas wird transparent: Die Schüler*innen handeln, sobald sie zugunsten der Befriedigung ihrer Bedürfnisse eine Kaufentscheidung fällen, ökonomisch. Sie sind somit ein wichtiger Bestandteil der Wirtschaft. Dies wird den Schüler*innen insbesondere in der Unterrichtsstunde „Wie aus einem Bedürfnis eine Nachfrage wird" deutlich.
In der Unterrichtsstunde „Was sind meine Bedürfnisse?" erfolgt zunächst die Ermittlung der eigenen Bedürfnisse mithilfe der Abc-Methode, um die Kreativität der Schüler*innen zu fördern. Das Kennen der eigenen Bedürfnisse ist sinnvoll, da die Befriedigung der Bedürfnisse zum Überleben und zum Wohlbefinden beitragen kann.
Dass es primäre sowie sekundäre Bedürfnisse gibt, wird den Schüler*innen durch das „Einordnen der eigenen Bedürfnisse in die Maslow-Pyramide" veranschaulicht.
Nachdem die Schüler*innen das Arbeitsblatt „Wie aus einem Bedürfnis eine Nachfrage wird" bearbeitet haben, werden sie im Rahmen der Unterrichtsstunde „Wie beeinflusst Werbung meine Bedürfnisse?" dahingehend sensibilisiert, dass insbesondere Werbung die Bedürfnisse beeinflussen und somit einen Einfluss auf die Kaufentscheidungen haben kann. Durch die beispielhafte Analyse eines Werbevideos üben die Schüler*innen das Erkennen von Werbestrategien.

Kompetenzen der Unterrichtseinheit

wahrnehmen und beschreiben, mit Fachwissen umgehen

Ziel der Einheit

Die Schüler*innen untersuchen ihre eigenen Bedürfnisse und ordnen sich selbst als einen Teil der Wirtschaft zu.

AB Was sind meine Bedürfnisse?

Stundenziel

Die Schüler*innen ermitteln in Form der Abc-Methode ihre eigenen Bedürfnisse und vergleichen diese mit denen ihrer Mitschüler*innen.

Einstiegsmöglichkeit

Der Begriff „Bedürfnis" wird in Form eines Brainstormings im Plenum geklärt. Die Aktivierung des Vorwissens kann mithilfe folgender Impulse seitens der Lehrkraft unterstützt werden: Listet andere Wörter auf, die das Wort „Bedürfnis" beschreiben (Synonyme). Nennt beispielhafte Bedürfnisse. Beschreibt das Gefühl, wenn ein Bedürfnis befriedigt wird. Beschreibt, wie es euch geht, wenn ein Bedürfnis nicht befriedigt wird.

Benötigte Materialien

ggf. Wörterbücher (Abc-Methode)

Erwartungshorizont

★ *Aufgabe 1*

mögliche Lösungen: Ansehen, Bewegung, Charisma, Darstellung, Essen, Familie, Glück, Haus, Individualität, Job, Kontakt, Liebe, Mut, Nahrung, Optimismus, Privatsphäre, Qualifikation, Ruhe, Schlafen, Trinken, Umweltschutz, Verknüpfung, Wohlbefinden, Xenophilie (Vorliebe für Fremde(s)), Yacht, Zeit

★ *Aufgabe 2*

Die Gemeinsamkeiten liegen insbesondere bei den lebensnotwendigen Bedürfnissen. Unterschiede können beispielsweise bei Luxusbedürfnissen auftreten.
Mögliche Gemeinsamkeiten: Glück, Liebe, Schlafen, Trinken, …
Mögliche Unterschiede: Xenophilie (Vorliebe für Fremde(s)), Yacht, …

★★ *Aufgabe 3*

Das Kennen der eigenen Bedürfnisse ist sinnvoll, um das Leben entsprechend danach auszurichten. Das Erfüllen der eigenen Bedürfnisse kann zum Überleben und zum Wohlbefinden beitragen.

Hilfestellung

Leitfragen, die Vorgabe eines Beispiels sowie die Sozialform der Arbeit zu zweit oder zu dritt können die Schüler*innen bei der Ausarbeitung unterstützen. Wörterbücher können zur Wortfindung im Rahmen der Abc-Methode ebenfalls beitragen.

Sicherung

Im Rahmen der Sicherungsphase werden die Ergebnisse der *Aufgaben 2 und 3* im Plenum zusammengetragen.

AB Einordnen der Bedürfnisse in die Maslow-Pyramide

Stundenziel

Die Schüler*innen arbeiten den Inhalt sowie die Relevanz der Maslow-Pyramide anhand eines Textes heraus und ordnen ihre eigenen Bedürfnisse den Ebenen der Maslow-Pyramide zu.

Einstiegsmöglichkeit

Die Schüler*innen listen in Einzelarbeit ihre Bedürfnisse auf, sofern diese mithilfe der Abc-Methode in der vorangegangenen Unterrichtsstunde noch nicht ermittelt wurden. Anschließend ordnen die Schüler*innen in Einzelarbeit ihre Bedürfnisse nach der Wichtigkeit, indem sie ihre Bedürfnisse mit Zahlen versehen (1 = Dieses Bedürfnis ist mir am wichtigsten.).

Erwartungshorizont

★ *Aufgabe 1 und 2*

★★ *Aufgabe 3*

Vorteil: Die Auseinandersetzung mit der Maslow-Pyramide ist sinnvoll, um zu erkennen, dass es erstrangige sowie zweitrangige Bedürfnisse gibt und dass nicht alle Bedürfnisse gleichermaßen befriedigt werden können bzw. müssen.

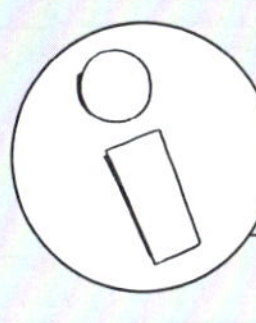

Die eigenen Bedürfnisse unter der Lupe

Nachteil: Da die Bedürfnisse unterschiedlich gewichtet werden können, ist die Reihenfolge der Stufen der Maslow-Pyramide kritisch zu hinterfragen.

Hilfestellung

Der Fettdruck der in die Pyramide einzutragenden Begrifflichkeiten im Informationstext, die Vorgabe des Layouts der Bedürfnispyramide sowie die bei der Pyramide platzierten Piktogramme fungieren als Hilfestellungen.

Sicherung

Im Rahmen der Sicherung werden die Ergebnisse der *Aufgaben 1 bis 3* im Plenum verglichen. Anschließend kann folgender mündlicher Impuls seitens der Lehrkraft einen Bezug zum Unterrichtseinstieg herstellen und die Thematik vertiefen: Überprüfe, inwiefern deine Priorisierung deiner Bedürfnisse mit der Priorisierung der Bedürfnisse von Abraham Maslow übereinstimmt. Mögliche Leitfragen können lauten: Wo gibt es Gemeinsamkeiten? Welche Bedürfnisse hast du anders gewichtet? Überwiegen die Übereinstimmungen oder die unterschiedlichen Gewichtungen?
Voraussichtlich stimmen die Einschätzungen der Schüler*innen mit den Einschätzungen von Maslow weitgehend überein. Eine Ursache dafür liegt in dem westlich geprägten Menschenbild.

Weiterarbeit

Folgende Fragestellungen können zugunsten einer thematischen Vertiefung in Kleingruppen diskutiert werden: Sind Bedürfnisse veränderbar? Verändert die Höhe des Einkommens die Bedürfnisse? Ist ein Zustand der vollständigen Bedürfnisbefriedigung wünschenswert?

AB Wie aus einem Bedürfnis eine Nachfrage wird

Stundenziel

Die Schüler*innen erklären die Begriffe „Bedürfnis“, „Bedarf“ und „Nachfrage“ und wenden die Begriffe anschließend auf Fallbeispiele an.

Einstiegsmöglichkeit

Da die Erarbeitungs- und Sicherungsphasen viel Zeit in Anspruch nehmen, empfiehlt sich ein informierender Unterrichtseinstieg über das Stundenthema, den Stundenablauf sowie die Bedeutsamkeit des Themas für die Lerngruppe. Ein möglicher Impuls hierfür könnte lauten: Stellt Vermutungen an, warum Bedürfnisse die Grundlage des Wirtschaftens sind. Eine Antwort könnte sein: Bedürfnisse sind der Auslöser für wirtschaftliches Handeln. Wenn Menschen ein Bedürfnis haben, kann sich daraus ein Kauf entwickeln. Entsprechend den Bedürfnissen, die im Falle einer gegebenen Kaufkraft in einer Nachfrage münden, gestalten insbesondere Unternehmen ihre Waren und Dienstleistungen, also ihr Angebot. So tragen sie wesentlich zur Befriedigung der Bedürfnisse der Menschen bei.

Erwartungshorizont

★ *Aufgabe 1*

Mangel + Wunsch = Bedürfnis
Bedürfnis + Kaufwille + Kaufkraft = Bedarf
Bedarf + Kaufentscheidung = Nachfrage

★ *Aufgabe 2*

Fallbeispiel 1: Leo ist kalt an den Füßen (= Mangel) und er wünscht sich, nicht mehr zu frieren (= Wunsch). Hierbei handelt es sich um ein Bedürfnis.
Fallbeispiel 2: Leo hat den Wunsch (= Kaufwille) sowie das nötige Geld (= Kaufkraft), sich warme Schuhe zu kaufen (= Bedürfnis). Hierbei handelt es sich um einen Bedarf.
Fallbeispiel 3: Leo geht mit dem nötigen Geld in den Laden (= Kaufentscheidung), um sich warme Schuhe zu kaufen (= Bedarf). Hierbei handelt es sich um eine Nachfrage.

★★ *Aufgabe 3*
Geld spielt eine wichtige Rolle bei der Erfüllung zahlreicher Bedürfnisse. Geldprobleme würden die Befriedigung der Bedürfnisse erschweren. So werden beispielsweise für Nahrung und für ein Haus Geld benötigt. Liebe hingegen kann durch den Kauf einer Ware oder Dienstleistung voraussichtlich nicht befriedigt werden. Das kostenpflichtige Anmelden bei einer Datingplattform jedoch kann beispielsweise zur Erfüllung dieses Bedürfnisses beitragen.

Hilfestellung

Der Fettdruck relevanter Begrifflichkeiten und das Anführen von Beispielen im Text, die Vorgabe einzusetzender Begriffe in die Gleichungen sowie Leitfragen können die Schüler*innen bei der Ausarbeitung der Aufgaben unterstützen.

Sicherung

Die *Aufgaben 1 bis 3* werden im Plenum verglichen. Daran anschließend festigen die Schüler*innen in Kleingruppen ihr Wissen mithilfe eines Spiels, bei dem ein bestimmter „verbotener" Begriff umschrieben werden soll, ohne diesen selbst in der Beschreibung zu nennen. Die Schüler*innen erstellen pro Person zwei Karten, auf welche sie je einen relevanten Begriff aus der Stunde notieren. Mögliche Begriffe können lauten: Bedürfnis, Bedarf, Nachfrage, Mangel, Wunsch, Kaufwille, Kaufkraft. Die Karten werden dann gemischt und in die Gruppenmitte gelegt. Nacheinander ziehen die Schüler*innen eine Karte und umschreiben das „verbotene" Wort und die anderen Schüler*innen versuchen, es zu erraten. Jede*r spielt gegen jede*n. Pro erratenes Wort gibt es einen Punkt. Die Person, die die meisten Wörter erraten und somit die meisten Punkte erspielt hat, hat gewonnen.

 AB Wie beeinflusst Werbung meine Bedürfnisse?

Stundenziel

Die Schüler*innen arbeiten das Ziel und den Wirkungsablauf von Werbung sowie verschiedene Werbestrategien anhand eines Informationstextes heraus. Anschließend analysieren sie ein Werbevideo entsprechend den verwendeten Werbestrategien.

Einstiegsmöglichkeit

Zu Unterrichtsbeginn werden die Schüler*innen dazu angehalten, eine erste Antwort auf die Stundenfrage „Wie beeinflusst Werbung meine Bedürfnisse?" zu finden. Im Raum werden an zwei unterschiedlichen Stellen die Aussagen „Ich stimme zu." und „Ich stimme nicht zu." visualisiert, zum Beispiel auf Zetteln. Die Lehrkraft liest eine Aussage vor und die Schüler*innen positionieren sich entsprechend ihrer Meinung im Raum. Mögliche Aussagen für die Positionierung können lauten: Ich lasse mich von Werbung beeinflussen. Ich habe schon einmal ein Produkt gekauft, nachdem ich es auf einem Werbeplakat/bei Influencer*innen/in einem Werbespot gesehen habe. Ich bevorzuge Markenkleidung. Ich habe mindestens einen Werbeslogan im Kopf. Ich habe schon einmal ein Produkt gekauft, das ich nicht brauchte.
Die Lehrkraft kann die Schüler*innen zusätzlich zugunsten der Vertiefung bitten, ihre individuellen Positionierungen zu begründen.

Benötigte Materialien

Für die Positionierung im Raum werden zwei Zettel mit den Aussagen „Ich stimme zu." und „Ich stimme nicht zu." im Raum aufgehängt. Zudem wird ausreichend Platz benötigt, sodass sich die Schüler*innen entsprechend ihrer Meinung im Raum positionieren können.
Für die Analyse des Werbevideos benötigt jede*r Schüler*in ein digitales Endgerät mit Internetzugang und installierter Barcode-Scan-App.

Die eigenen Bedürfnisse unter der Lupe

Erwartungshorizont

★ *Aufgabe 1*

Ziel: Verkauf von Waren und Dienstleistungen ankurbeln
Wirkungsweise: Aufmerksamkeit erregen, Interesse auf das Produkt lenken, Besitzwunsch anregen, zum Handeln/Kaufen bringen (laut AIDA-Formel)

★ *Aufgabe 2*

Das Wecken von Gefühlen, die Nutzung von Werbesprüchen und die Verwendung bekannter Persönlichkeiten sind drei beispielhafte Strategien, die Werbung nutzt, um die Bedürfnisse zu beeinflussen.

★★ *Aufgabe 3*

a) Red Bull, Energydrink
b) Name (Red Bull), Aussehen des Produktes (Dose), Getränk, Energielieferant, keine Preisinformation, keine Information über Inhaltsstoffe
c) Cartoon, wenige, schlichte sowie blasse Farben, Hintergrundmusik, wenig bis kaum Gesagtes, Werbeslogan am Ende verbalisiert und visualisiert
d) alle Menschen, die das Bedürfnis haben, ihre Leistung zu verbessern
e) ansprechende Aufbereitung des Werbeclips durch einen Cartoon, das zu bewerbende Produkt scheint das Bedürfnis nach Leistungsfähigkeit zu befriedigen, einprägsamer Werbespruch
f) leistungsstark, energiegeladen, kraftvoll, zielstrebig, unbesiegbar, …

★★ *Aufgabe 4*

Mithilfe von Werbestrategien sollen die Verkäufe (Umsätze) von Waren und Dienstleistungen gesteigert werden. Das Kennen der Werbestrategien kann dafür sensibilisieren, die eigenen Kaufentscheidungen zu hinterfragen.

Hilfestellung

Der Fettdruck wichtiger Begriffe im Informationstext und die Vorgabe von Leitfragen für die Analyse der Werbung können die Schüler*innen bei der Ausarbeitung unterstützen.

Sicherung

Die *Aufgaben 1 bis 4* werden im Plenum verglichen. Danach werden die Lernenden mittels mündlicher Impulse dazu angehalten, die Werbung kritisch zu beleuchten (zum Beispiel hinsichtlich gesundheitlicher, ökologischer, ethischer, sozialer Aspekte). Ein möglicher Impuls mit Bezug auf die Werbung für den Energy Drink von Red Bull: Der Konsum von Energy Drinks kann gesundheitsschädlich sein. Die sehr hohen Zucker- und Koffeinmengen können Herzerkrankungen hervorrufen. Überprüfe, inwieweit Red Bull diese Informationen in der Werbung kommuniziert.
Abschließend ermitteln die Schüler*innen gemeinsam drei Tipps, wie sie sich den Werbeeinflüssen entziehen können. Mögliche Tipps können lauten: Mache dir bewusst, dass Werbung zumeist das Ziel verfolgt, mehr von der Ware oder der Dienstleitung zu verkaufen. Überspringe die Werbung. Hinterfrage bei einem Wunsch nach einem Produkt, ob du das Produkt wirklich benötigst.

Weiterarbeit

Die Analyse weiterer Werbevideos oder die Entwicklung einer eigenen Werbung unter Berücksichtigung der Werbestrategien zu einem ausgewählten Produkt in Kleingruppen können das Stundenthema vertiefend aufgreifen.

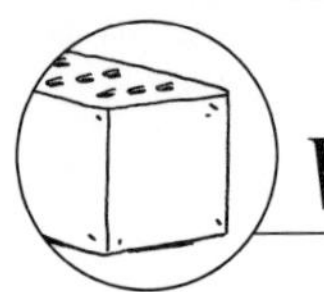

Was sind meine Bedürfnisse?

Ein Bedürfnis ist ein Wunsch. Bedürfnisse drücken ein Verlangen nach etwas aus, was du zum Leben und zum Glücklichsein brauchst. Wenn du zum Beispiel Hunger hast, dann hast du das Bedürfnis, etwas zu essen.

★ *Aufgabe 1*

Ermittle deine Bedürfnisse, indem du zu jedem Buchstaben des Abc ein Bedürfnis notierst.
Folgende Fragen können dich dabei unterstützen: Was benötigst du zum (Über-)Leben? Was wünschst du dir? Was fehlt dir?

Ansehen	N
B	O
C	P
D	Q
E	R
F	S
G	T
H	U
I	V
J	W
K	X
L	Y
M	Z

★ *Aufgabe 2*

Suche dir einen Partner und vergleiche mündlich deine Bedürfnisse mit denen deines Partners. Welche Gemeinsamkeiten und Unterschiede könnt ihr feststellen?

★★ *Aufgabe 3*

Begründet gemeinsam mündlich, weshalb das Kennen der eigenen Bedürfnisse sinnvoll ist.

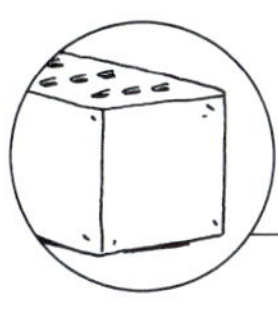

Einordnen der Bedürfnisse in die Maslow-Pyramide (1)

Der amerikanische Psychologe Abraham Maslow (1908–1970) entwickelte eine Bedürfnispyramide, die Maslow-Pyramide. Sie hat die Aufgabe, die unterschiedlichen Bedürfnisse der Menschen aufzuzeigen, zu gruppieren und entsprechend ihrer Wichtigkeit zu ordnen. Das Modell teilt die menschlichen Bedürfnisse in fünf Stufen ein, die in einer Pyramide dargestellt werden. Die wichtigsten Bedürfnisse und somit die Grundlage der Pyramide bilden die Grundbedürfnisse. Darauf folgen die Sicherheitsbedürfnisse, die sozialen Bedürfnisse, die Individualbedürfnisse und die Selbstverwirklichung.

Zu den **Grundbedürfnissen** zählen die lebensnotwendigen Grundbedürfnisse wie Luft, Wasser, Nahrung und Schlaf. **Sicherheitsbedürfnisse** umfassen Schutz, Geborgenheit und Ordnung. Die dritte Stufe der Pyramide deckt die **sozialen Bedürfnisse** ab, wie Zuneigung, Beziehungen und Familie. **Individualbedürfnisse** sind Wertschätzung, Anerkennung und Ansehen. Die Spitze der Pyramide bildet die **Selbstverwirklichung**, also der Ausbau der eigenen Fähigkeiten und der Persönlichkeit.

Laut Maslow müssen die Bedürfnisse von unten nach oben erfüllt werden. Die oberen Bedürfnisse werden für die Menschen somit erst wichtig, wenn die Bedürfnisse der unteren Stufen fast vollständig befriedigt sind. Wenn die Bedürfnisse befriedigt werden, kann dies zu einem glücklichen Leben beitragen.

Die Maslow-Pyramide kann dafür sensibilisieren, die eigenen Bedürfnisse zu erforschen und die unterschiedliche Gewichtung dieser zu erkennen. Die Anordnung der Bedürfnisse lässt sich jedoch nicht auf alle Menschen übertragen. So stehen beispielsweise für ältere Menschen die sozialen Bedürfnisse oft an oberster Stelle. Ansehen und die Selbstverwirklichung spielen kaum noch eine Rolle.

★ *Aufgabe 1*

Beschrifte die Stufen der Maslow-Pyramide auf dem zweiten Arbeitsblatt mithilfe der Informationen aus dem Text.

★ *Aufgabe 2*

Ordne deine Bedürfnisse den Stufen der Maslow-Pyramide zu.

★★ *Aufgabe 3*

Arbeite mündlich gemeinsam mit einem Partner mithilfe der Informationen aus dem Text einen Vorteil sowie einen Nachteil der Bedürfnispyramide nach Maslow heraus. Notiere euren Vorteil und euren Nachteil.

Vorteil: ______________________

____

____

Nachteil: ______________________

____

____

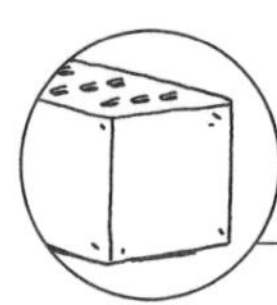

Einordnen der Bedürfnisse in die Maslow-Pyramide (2)

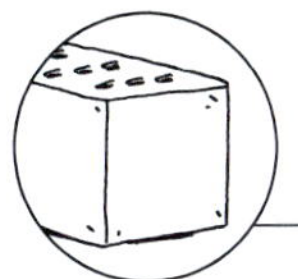

Wie aus einem Bedürfnis eine Nachfrage wird

Bedürfnisse, **Bedarf** und **Nachfrage** stellen die **Grundlagen des Wirtschaftens** dar und bauen aufeinander auf. Ein **Bedürfnis** entsteht, wenn du einen Mangel an etwas empfindest und den Wunsch hast, ihn zu beseitigen. Hast du zum Beispiel Hunger, dann hast du das Bedürfnis, etwas zu essen. Ein Bedürfnis wird zu einem **Bedarf**, wenn dein Wunsch immer größer wird (Kaufwille) und du die nötigen finanziellen Mittel (Kaufkraft) für die Befriedigung des Bedürfnisses hast. Kommt beispielsweise ein neues Handy auf den Markt, das dir sehr gefällt, und du kannst es dir finanziell leisten, dann hast du den Bedarf danach. Wenn du dich entschlossen hast, das neue Handy zu kaufen, dann hast du eine Kaufentscheidung getroffen und äußerst gegenüber dem Handyverkäufer eine Kaufabsicht. Das ist die **Nachfrage**.
Unternehmen beispielsweise bieten dem Käufer ein Angebot in Form von Produkten und Dienstleistungen an, um die Nachfrage der Menschen zu decken.

★ *Aufgabe 1*
Gib mithilfe der Informationen aus dem Text in Form der unten stehenden Gleichungen wieder, was ein Bedürfnis, ein Bedarf und eine Nachfrage sind. Folgende Begriffe gilt es, in die Gleichungen einzusetzen: Kaufwille, Kaufkraft, Kaufentscheidung, Mangel, Bedarf, Wunsch, Bedürfnis.

______________ + ______________ = Bedürfnis

______________ + ______________ + ______________ = Bedarf

______________ + ______________ = Nachfrage

★ *Aufgabe 2*
Ordne den folgenden drei Fallbeispielen die Begriffe „Bedürfnis", „Bedarf" und „Nachfrage" zu. Begründe einem Partner anschließend mündlich deine Auswahl.

Fallbeispiel 1: Leo ist kalt an den Füßen und er wünscht sich, nicht mehr zu frieren.

Hierbei handelt es sich um ein ______________.

Fallbeispiel 2: Leo hat den Wunsch und das nötige Geld, sich warme Schuhe zu kaufen.

Hierbei handelt es sich um einen ______________.

Fallbeispiel 3: Leo geht mit dem nötigen Geld in den Laden, um sich warme Schuhe zu kaufen.

Hierbei handelt es sich um eine ______________.

★★ *Aufgabe 3*
Überprüfe mündlich gemeinsam mit einem Partner, inwieweit sich all deine Bedürfnisse durch Kaufen befriedigen lassen.
Folgende Fragen unterstützen dich bei der Ausarbeitung: Was sind deine Bedürfnisse? Für welche Bedürfnisse benötigst du Geld, um sie zu befriedigen? Wie kannst du beispielsweise dein Bedürfnis nach Nahrung stillen? Kannst du das Bedürfnis nach Liebe durch den Kauf einer Ware oder einer Dienstleistung erfüllen?

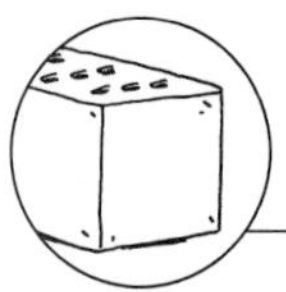

Wie beeinflusst Werbung meine Bedürfnisse? (1)

Bedürfnisse werden von verschiedenen Faktoren beeinflusst. So haben beispielsweise die Höhe des Gehaltes, die engsten Kontaktpersonen und die Werbung einen Einfluss auf die eigenen Bedürfnisse. Mit dem Einflussfaktor Werbung wirst du dich nun genauer beschäftigen.
Werbung kann unterhaltsam, informativ oder auch bewegend sein. Werbung ist überall: im Fernsehen, in Zeitschriften, in Zeitungen, in den sozialen Medien, in Bahnhöfen usw. Durch Werbung kann der **Verkauf** von Waren und Dienstleistungen gesteigert werden. Wie Werbung wirkt, lässt sich mithilfe der **AIDA-Formel** beschreiben: Werbung macht auf Waren und Dienstleistungen aufmerksam (**A**ttention), lenkt das Interesse auf das Produkt (**I**nterest), weckt einen Besitzwunsch (**D**esire) und bringt die Person zum Handeln bzw. Kaufen (**A**ction).
Mithilfe vieler kleiner Effekte spricht Werbung Bedürfnisse an und fördert den Wunsch nach einer Erfüllung dieser Bedürfnisse. Wenn du die **Werbestrategien** kennst, kannst du ihnen leichter widerstehen. Es folgen vereinzelte Werbestrategien.
Eine beliebte Werbestrategie ist das Auslösen von Gefühlen mithilfe von Gerüchen, Farben und Musik. Der Einsatz von bekannten Personen ist eine weitere Werbestrategie; wir vertrauen dieser erfolgreichen Person und kopieren ihr Verhalten. Die Verwendung von Werbesprüchen zielt unter anderem darauf ab, im Gedächtnis zu bleiben. Günstige Preise in Form von Rabattaktionen können ebenfalls zum Kaufen anregen.
Werbung verfolgt das Ziel, etwas zu verkaufen. Somit legt Werbung den Fokus auf die Vorzüge, jedoch nicht auf die **Schwachstellen** der Ware oder der Dienstleistung.

★ *Aufgabe 1*
Arbeite das Ziel und die Wirkungsweise von Werbung heraus.

Ziel: ______________________________

____

Wirkungsweise: ______________________________

____

____

★ *Aufgabe 2*
Liste mithilfe des Textes drei Strategien auf, die Werbung nutzt, um Bedürfnisse zu beeinflussen.

____

____

____

____

____

____

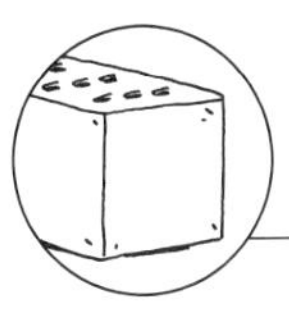

Wie beeinflusst Werbung meine Bedürfnisse? (2)

★★ *Aufgabe 3*

Analysiere stichpunktartig folgendes Werbevideo entsprechend den verwendeten Werbestrategien. Das Werbevideo kannst du über den QR-Code abrufen.

a) Für welches Produkt wird hier geworben?

____

b) Welche Informationen erhältst du über das Produkt (Bezeichnung, Aussehen, Funktion, Preis, Qualität, ...)?

____

____

c) Welche Gestaltungselemente werden verwendet (Anordnung, Bilder, Farben, Schrift, Ton, ...)?

____

____

____

d) Wer soll durch diese Werbung angesprochen werden (Zielgruppe: z. B. Jugendliche, Frauen, Singles, ...)?

____

e) Wie versucht die Werbung, Aufmerksamkeit zu erregen (Auslösen von Gefühlen, Einsatz bekannter Personen, Werbesprüche, Preisinformation, ...)?

____

____

f) Welche positiven Eigenschaften und Gefühle fallen dir zu dieser Werbung ein?

____

____

★★ *Aufgabe 4*

Begründe in deinem Heft, weshalb es sinnvoll ist, Werbestrategien zu kennen.

Didaktisch-methodische Überlegungen

In dieser Unterrichtseinheit werden die Schüler*innen dazu angehalten, die Wirtschaft als Tauschprozess zu verstehen.
In der Unterrichtsstunde „Arten und Nutzen von Gütern" erkennen die Schüler*innen die Vielfältigkeit sowie die unterschiedlich hohen Stellenwerte von Gütern an. Indem sie im Rahmen der Sicherungsphase dazu angeregt werden, die von ihnen genutzten Güter zu kategorisieren, intensivieren sie ihr Verständnis der Güterarten und reflektieren ihren eigenen Konsum.
Dass Güter für die Befriedigung von Bedürfnissen erforderlich, jedoch nur begrenzt verfügbar sind, wird ihnen durch die Unterrichtsstunde „Die Knappheit von Gütern" vermittelt. Aktuelle Fallbeispiele, wie das der Wasserknappheit, nehmen Bezug auf die Lebenswelt der Schüler*innen, motivieren dadurch zur Auseinandersetzung mit der Thematik und verdeutlichen die Problematik. Durch die kollaborative Erschließung der drei Fallbeispiele wird insbesondere der Austausch zwischen den Schüler*innen untereinander gefördert. Mithilfe der Mindmap werden die gemeinsam erschlossenen Lerninhalte in übersichtlicher Form festgehalten.
Mittels eines kurzen, anschaulichen Erklärvideos wird den Schüler*innen in der Stunde „Das ökonomische Prinzip" das Minimal- und Maximalprinzip nahegebracht. Das ökonomische Prinzip ist im Alltag allgegenwärtig. Indem die Schüler*innen das Prinzip auf Beispiele anwenden, erkennen sie, wie es sich in ihrem eigenen Leben abzeichnet.
Hinter der Unterrichtsstunde „Der Wirtschaftskreislauf" verbirgt sich die Betrachtung des einfachen und des erweiterten Wirtschaftskreislaufes. Zunächst wird der einfache und dann der erweiterte Wirtschaftskreislauf thematisiert. Durch diese kleinschrittige und aufeinander aufbauende Herangehensweise wird die Komplexität des Wirtschaftskreislaufes reduziert, was wiederum ein besseres Verständnis des Modells zur Folge hat. Schaubilder, die mithilfe eines leicht verständlichen Informationstextes ergänzt werden sollen, veranschaulichen die Kreisläufe zugunsten der inhaltlichen Klarheit. Durch die Thematisierung des Wirtschaftskreislaufes werden wirtschaftliche Zusammenhänge deutlich: Welchen Tausch gehen welche Akteur*innen miteinander ein?

Kompetenzen der Unterrichtseinheit

wahrnehmen und beschreiben, mit Fachwissen umgehen

Ziel der Einheit

Die Schüler*innen beschreiben die Wirtschaft als Tauschprozess zwischen verschiedenen Akteur*innen. Sie gehen dabei auf die Knappheit der Güter sowie auf die unterschiedlichen Interessen der Beteiligten ein.

AB Arten und Nutzen von Gütern

Stundenziel

Die Schüler*innen erklären den Begriff „Güter" und unterteilen die Güterarten nach ihrer Verfügbarkeit und ihrem Nutzen.

Einstiegsmöglichkeit

Die Schüler*innen werden zugunsten der Transparenz über das Thema, das Ziel und den Ablauf der Stunde sowie über die Bedeutsamkeit des Themas informiert.
Zudem werden die Schüler*innen mittels der folgenden Impulse zum Stundenthema hingeführt: Liste mindestens fünf deiner Bedürfnisse auf. Arbeite anschließend Mittel heraus, mit denen du deine Bedürfnisse erfüllst. Ein Beispiel: Ich habe Hunger (Bedürfnis). Mithilfe von Nahrung stille ich mein Bedürfnis danach.

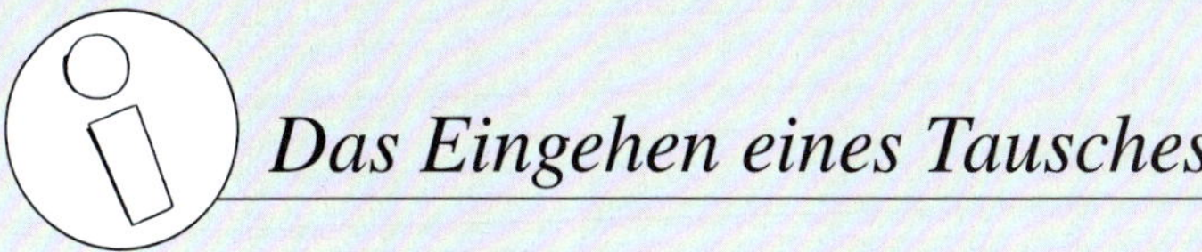

Das Eingehen eines Tausches

Erwartungshorizont

★ *Aufgabe 1*

Güter sind Dinge, die wir nutzen, um unsere Bedürfnisse zu erfüllen.

★ *Aufgabe 2 und* ★★ *Aufgabe 3*

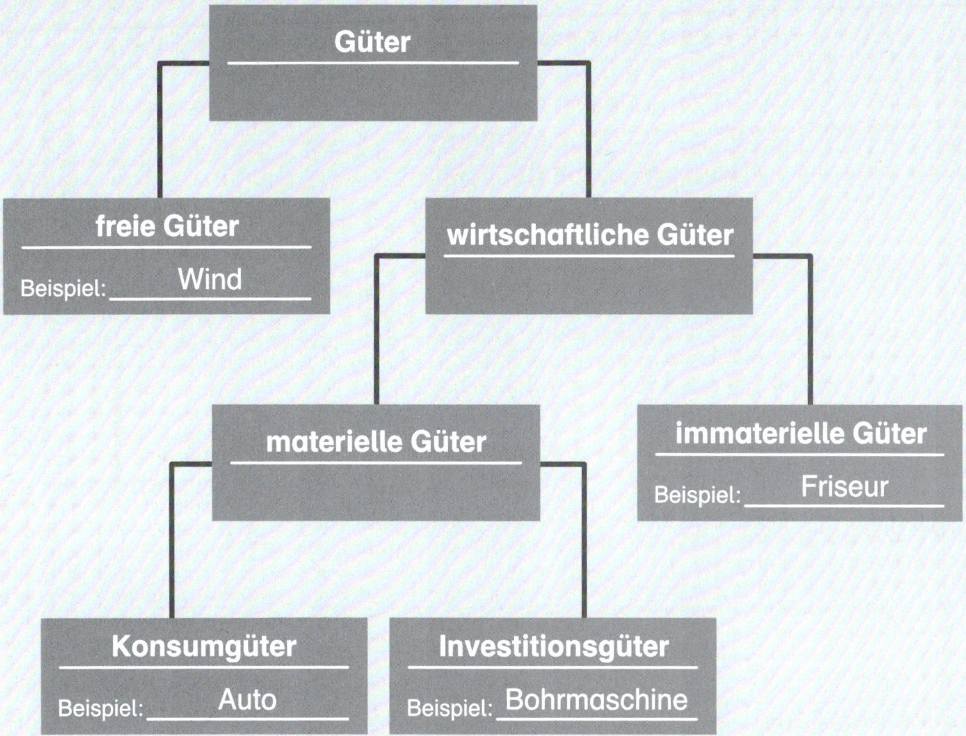

Hilfestellung

Der Fettdruck der Begriffe, die in das Schaubild einzutragen sind, sowie der initiierte Austausch zu zweit oder zu dritt über die Zuordnung beispielhafter Güter zu den Güterarten sind mögliche Hilfestellungen.

Sicherung

Im Rahmen der Sicherungsphase werden die Arbeitsergebnisse aus der Erarbeitungsphase im Plenum zusammengetragen. Rückfragen seitens der Lernenden werden beantwortet. Abschließend kann der Bogen zum Unterrichtseinstieg gespannt werden, indem die Schüler*innen dazu angehalten werden, ihre Mittel zur Bedürfnisbefriedigung den Güterarten zuzuordnen. Ein Beispiel: Ich habe Hunger (Bedürfnis). Mithilfe von Nahrung stille ich mein Bedürfnis danach. Nahrung ist ein materielles Gut, nämlich ein Konsumgut.

Darüber hinaus lässt sich bei noch zur Verfügung stehender Zeit ein weiterführender Impuls im Plenum formulieren: Überprüft, welchen Wert Güter für die Menschen haben. Folgende Leitfragen können hierbei unterstützend wirken: Welche Güter gibt es? Haben alle Güter den gleichen Wert für die Menschen? Auf welche Güter könntet ihr am ehesten verzichten? Welche Güter sind euch besonders wichtig? Warum?

Eine beispielhafte Antwort könnte lauten: Güter erfüllen Bedürfnisse und sind sehr wichtig für die Menschen. Bestimmte Güter sind jedoch wichtiger als andere Güter, da sie das Überleben sichern (z. B. Luft, Nahrung, gesundheitliche Versorgung). Auf Dienstleistungen, die der Unterhaltung dienen (z. B. Kinobesuch) und auf Luxuskonsumgüter (z. B. Schmuck, teures Auto) kann beispielsweise eher verzichtet werden. Außerdem haben wirtschaftliche Güter einen hohen Wert für die Menschen. So können Unternehmen beispielsweise durch den Verkauf von Gütern Geld verdienen. Das wiederum ermöglicht den Unternehmen, Arbeitsplätze zu schaffen. Voraussichtlich stimmen die Einschätzungen der meisten Menschen mit dieser Auffassung weitgehend überein.

 AB Die Knappheit von Gütern

Stundenziel

Die Schüler*innen erstellen kollaborativ mittels einer Internetrecherche eine Mindmap zu den Ursachen und Auswirkungen der Knappheit ausgewählter Güter.

Einstiegsmöglichkeit

Die Schüler*innen nehmen durch ein Daumenfeedback zu den folgenden Aussagen Stellung: Es ist genug Wasser für alle da. Die Erfüllung der Grundbedürfnisse (z. B. Nahrung) sollte nichts kosten. Was nicht existiert, kann hergestellt werden.
Vereinzelte Schüler*innen begründen ihre Meinungen im Plenum. Durch die Stellungnahme werden die Schüler*innen dazu angeregt, ein erstes Problembewusstsein im Hinblick auf die Verfügbarkeit von Gütern zu entwickeln.

Vorbereitungen

Zunächst werden die Schüler*innen in drei möglichst gleich große Themengruppen eingeteilt (Gruppe 1: Wasserknappheit, Gruppe 2: künstliche Verknappung, Gruppe 3: Dienstleistung). Je nach Lerngruppengröße können auch diese drei Themengruppen noch einmal in weitere Kleingruppen unterteilt werden. Eine Gruppengröße von maximal fünf Personen ist empfehlenswert. Gruppentische vereinfachen die Zusammenarbeit. Jedem*jeder Lernenden sollte neben dem Arbeitsblatt mit den Aufgaben der jeweiligen Themengruppe *(AB 1 bis 3)* die Mindmap (*AB 4)* vorliegen.

Benötigte Materialien

Für die Internetrecherche benötigt jede*r Schüler*in ein digitales Endgerät mit Internetzugang und installierter Barcode-Scan-App.

Erwartungshorizont

★ *Aufgabe 1 bis 3*

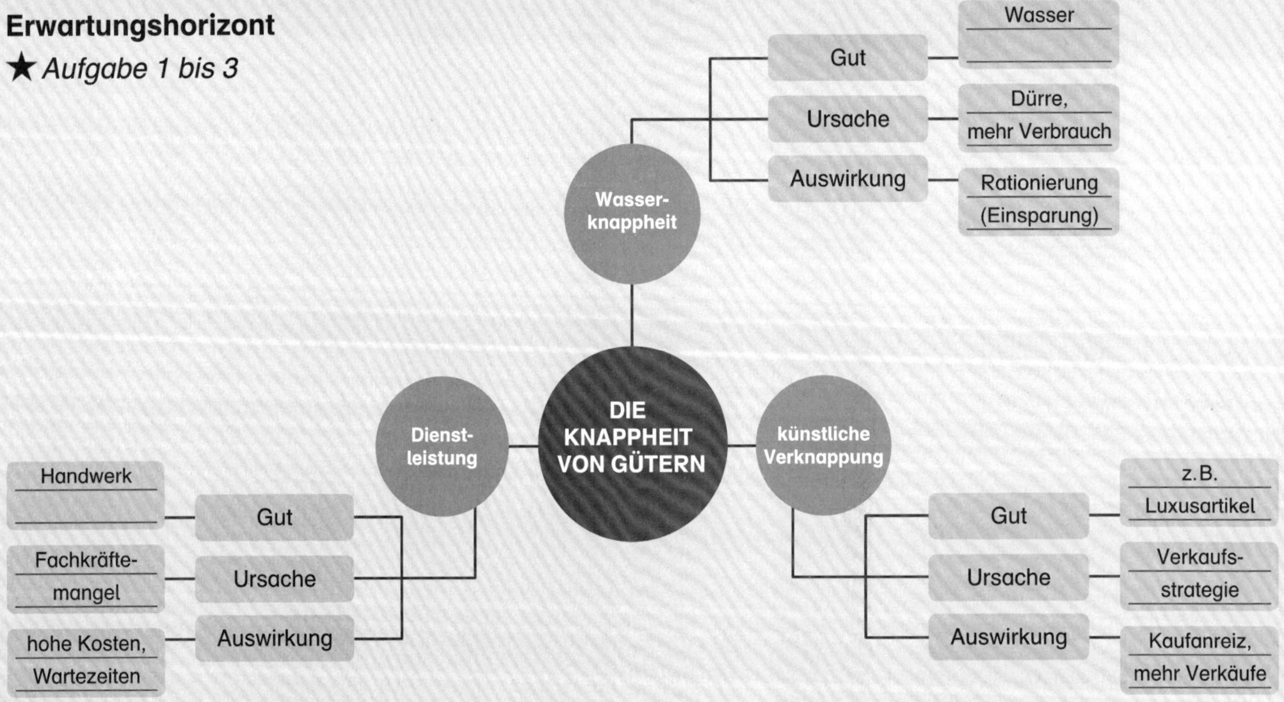

Hilfestellung

Die Vorgabe des Layouts für die Mindmap sowie der Austausch untereinander unterstützen die Schüler*innen.

Sicherung

Die Arbeitsergebnisse der Themengruppen werden gemeinsam im Plenum zusammengetragen und von den Schüler*innen in ihren Mindmaps notiert, sodass alle Schüler*innen über die Inhalte aller Themengruppen verfügen. Unklarheiten werden ebenfalls geklärt.

Abschließend reflektieren die Schüler*innen ihren Erkenntnisgewinn und den Arbeitsprozess. Folgende Leitfragen können hierfür zweckdienlich sein: Was war neu für euch? Was hat euch überrascht? In welchen Situationen wart ihr schon einmal von einer Güterknappheit betroffen? Inwiefern sind freie Güter frei zugänglich? Wie könnte der Knappheit von Gütern entgegengewirkt werden? Wie bewertet ihr die heutige Gruppenarbeit auf einer Skala von 1 bis 10?

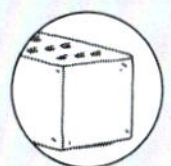

AB Das ökonomische Prinzip

Stundenziel

Die Schüler*innen erarbeiten sich anhand eines Erklärvideos das ökonomische Prinzip und wenden dieses auf Beispiele an.

Einstiegsmöglichkeit

Zugunsten der Zeitersparnis informiert die Lehrkraft die Schüler*innen lediglich über das Stundenthema sowie über den Ablauf der Stunde.

Benötigte Materialien

Für das Anschauen des Erklärvideos benötigt jede*r Schüler*in ein digitales Endgerät mit Internetzugang und installierter Barcode-Scan-App.

Erwartungshorizont

★ *Aufgabe 1*

Das ökonomische Prinzip besagt, dass wir unsere begrenzten Ressourcen (z. B. Rohstoffe, Zeit, Geld) so sparsam wie möglich einsetzen sollten, um entweder ein gegebenes Ziel mit minimalem Aufwand zu erreichen (Minimalprinzip) oder den größtmöglichen Nutzen aus den verfügbaren Mitteln zu ziehen (Maximalprinzip).

★ *Aufgabe 2*

a) **Prinzip:** Minimalprinzip
Begründung: Das vorgegebene Ziel (die Reise zu seinem Freund nach Hamburg) soll mit dem geringstmöglichen Aufwand erreicht werden (Kosten gering halten).

b) **Prinzip:** Maximalprinzip
Begründung: Elif möchte ihren Abschluss mit der bestmöglichen Note abschließen. Sie setzt ihre Anstrengungen maximal ein, um das Ziel zu erreichen und den größtmöglichen Erfolg zu erzielen.

c) **Prinzip:** Maximalprinzip
Begründung: Chiara möchte die Anzahl ihrer Follower*innen auf ihrer Social-Media-Plattform maximieren. Sie setzt all ihre Bemühungen ein, um in den nächsten Wochen weitere 100 000 Follower zu gewinnen, um ihr Ziel zu erreichen und den größtmöglichen Erfolg zu erzielen.

★★ *Aufgabe 3*

Beispiel für das Minimalprinzip: Ein Unternehmen möchte seine Energiekosten senken und kauft daher energieeffiziente Geräte, um den Verbrauch zu reduzieren.
Beispiel für das Maximalprinzip: Ein Restaurant möchte möglichst viele Kund*innen zufriedenstellen und bietet daher hochwertige Speisen und einen sehr guten Kundenservice an.

Hilfestellung

Durch die Sozialform der Arbeit zu zweit oder zu dritt ist ein Austausch untereinander möglich.

Sicherung

Die Arbeitsergebnisse werden im Plenum verglichen, Rückfragen werden beantwortet. Anschließend werden die Vor- und Nachteile des Modells thematisiert. Ein Vorteil des ökonomischen Prinzips ist beispielsweise, dass es dazu ermutigt, knappe Ressourcen bestmöglich zu nutzen. Ein möglicher

Nachteil des ökonomischen Prinzips ist, dass es den Fokus auf die Effizienz und Maximierung von Nutzen oder Gewinn legt, ohne dabei ausreichend andere wichtige Aspekte zu berücksichtigen (z. B. soziale oder ökologische Aspekte).

AB Der Wirtschaftskreislauf

Stundenziel

Die Schüler*innen erläutern den einfachen sowie den erweiterten Wirtschaftskreislauf.

Einstiegsmöglichkeit

Wirtschaft beschreibt die Ordnung, in der Menschen Geld verdienen und Dinge kaufen und verkaufen, um ihre Bedürfnisse zu erfüllen. Im Rahmen der Think-Pair-Share-Methode werden die Schüler*innen dazu angehalten, die an der Wirtschaft Beteiligten mithilfe ihres Vorwissens zu ermitteln (z. B. private Haushalte, Unternehmen, Banken, Staat).

Erwartungshorizont

★ *Aufgabe 1*

a)

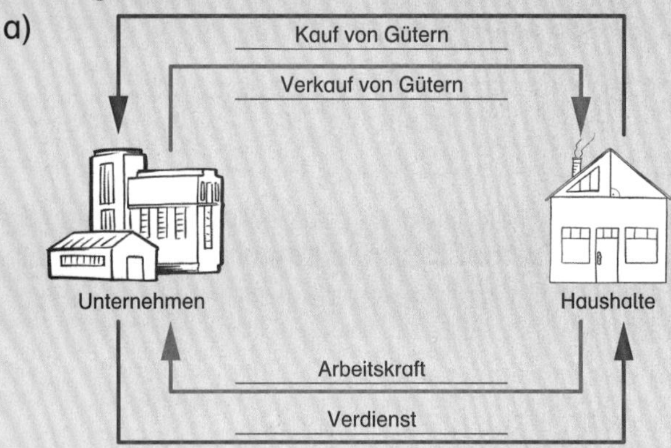

einfacher Wirtschaftskreislauf

b)

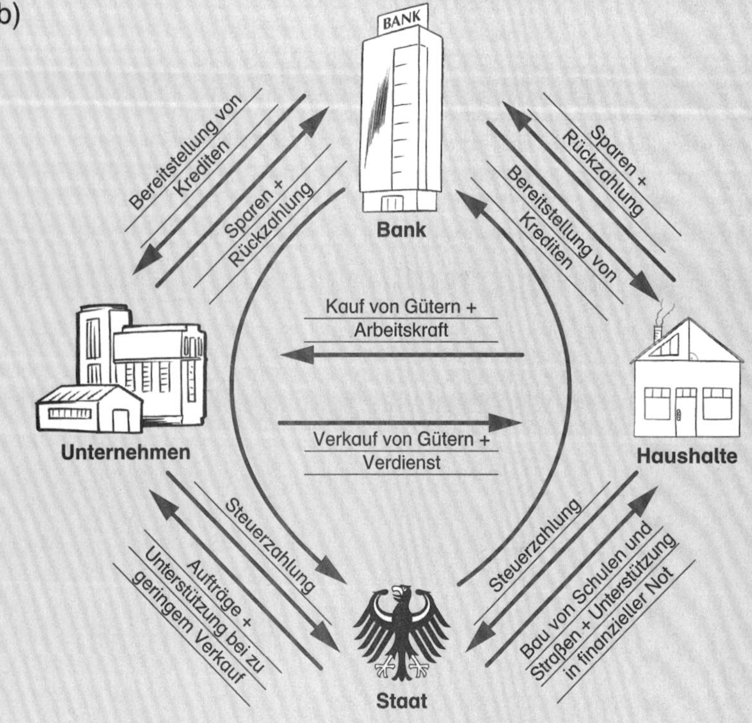

erweiterter Wirtschaftskreislauf

★★ *Aufgabe 2*

Eine **Gemeinsamkeit** zwischen dem einfachen und dem erweiterten Wirtschaftskreislauf ist, dass beide Modelle den Tausch von Gütern und Geld zwischen verschiedenen Akteur*innen in der Wirtschaft darstellen.
Ein **Unterschied** liegt in der Berücksichtigung der Akteur*innen. Während der einfache Wirtschaftskreislauf nur Unternehmen und private Haushalte betrachtet, bezieht der erweiterte Wirtschaftskreislauf den Staat und die Bank mit ein.
Der erweiterte Wirtschaftskreislauf lässt sich als eine Weiterentwicklung des einfachen Wirtschaftskreislaufes verstehen.

Hilfestellung

Der Fettdruck wichtiger Wirtschaftsakteur*innen im Informationstext, die Vorgabe der in die Schaubilder einzutragenden Begriffe und die Vorgabe des Layouts für die Schaubilder des einfachen und des erweiterten Wirtschaftskreislaufes sind Hilfestellungen.

Sicherung

Die Arbeitsergebnisse werden im Plenum verglichen, Rückfragen werden beantwortet. Anschließend werden die Vor- und Nachteile des Modells thematisiert. Ein Vorteil des Wirtschaftskreislaufes ist beispielsweise die übersichtliche Darstellung wesentlicher Beteiligter am wirtschaftlichen Geschehen sowie das Aufzeigen der Beziehungen der Beteiligten untereinander.
Ein möglicher Nachteil des Wirtschaftskreislaufes geht mit der vereinfachten Darstellung einher. Sie vernachlässigt beispielsweise die Umwelt, die in der Wirtschaft ebenfalls eine Rolle spielt (z. B. Nutzung der Ressourcen, Umweltverschmutzung).

Arten und Nutzen von Gütern (1)

Es gibt viele verschiedene Arten von Dingen, die uns helfen, unsere Bedürfnisse (Wünsche) zu erfüllen. Diese Dinge werden **Güter** genannt und können uns auf verschiedene Weise nützlich sein. Grundsätzlich kann man zwischen freien und wirtschaftlichen Gütern unterscheiden.
Freie Güter sind Dinge, die in der Natur vorhanden und kostenlos verfügbar sind. Sie stehen jedem zur Verfügung und ihre Nutzung oder ihr Verbrauch beeinträchtigt andere nicht (z. B. Luft, Meerwasser, Sonnenenergie). Da freie Güter für alle Menschen frei zugänglich sind, lohnt es sich für Unternehmen nicht, diese zu verkaufen.
Dagegen sind **wirtschaftliche Güter** knapp, also nicht unbegrenzt vorhanden, und haben einen Preis, weil ihre Herstellung Kosten verursacht. Nur wer den Preis bezahlt, erhält das Produkt. Wirtschaftliche Güter bilden die Grundlage für den Handel. Wirtschaftliche Güter lassen sich weiter unterteilen:
Manche Dinge kann man anfassen und sehen. Diese Dinge werden **materielle Güter** genannt. Es gibt zwei Arten von materiellen Gütern: Sachen, die wir für uns selbst nutzen **(Konsumgüter)**, und Sachen, die wir für die Produktion von anderen Dingen benutzen **(Investitionsgüter)**. Zum Beispiel sind Nahrung, Kleidung und Elektronik Sachen, die wir selbst nutzen. Maschinen, Werkzeuge und Gebäude sind Sachen, die für die Herstellung anderer Dinge gebraucht werden.
Es gibt auch Dinge, die man nicht anfassen kann, nämlich die **immateriellen Güter**. Diese Dinge umfassen beispielsweise Formen der menschlichen Arbeit sowie Fachkenntnisse und werden Dienstleistungen genannt. Dienstleistungen sind zum Beispiel Bildung, Gesundheitsversorgung und Transport.

★ *Aufgabe 1*

Erkläre den Begriff „Güter“, indem du den folgenden Satzanfang mithilfe der Informationen aus dem Text vervollständigst.

Güter sind ____

____.

Arten und Nutzen von Gütern (2)

★ *Aufgabe 2*

Unterteile mithilfe der Informationen aus dem Text auf dem ersten Arbeitsblatt die verschiedenen Arten von Gütern entsprechend ihrer Verfügbarkeit und ihrem Nutzen. Ergänze im Schaubild.

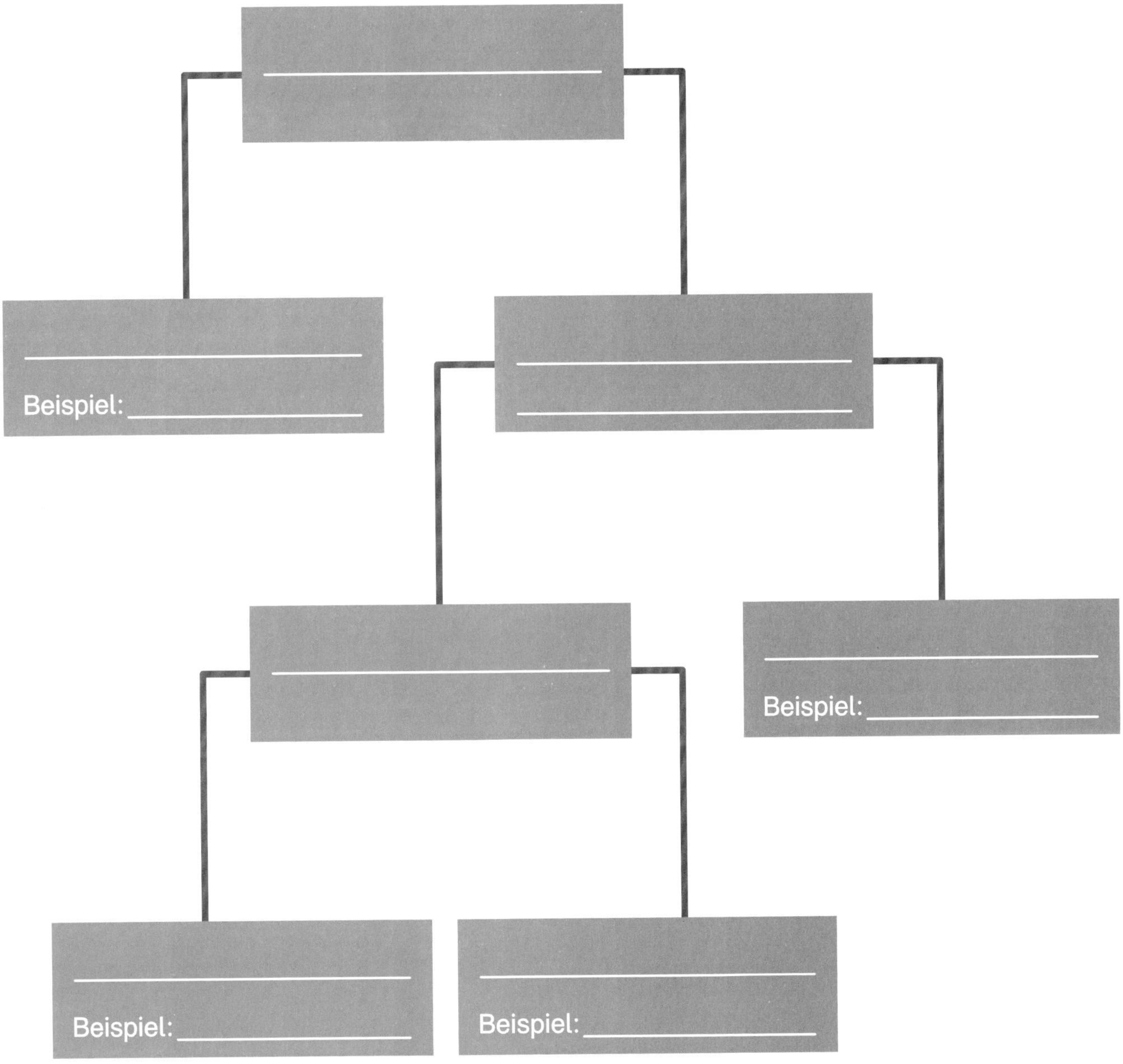

____

____

Beispiel: ______________

____

____

____

____

Beispiel: ______________

____

Beispiel: ______________

____

Beispiel: ______________

★★ *Aufgabe 3*

Ordne die folgenden Güter den Güterarten im Schaubild von *Aufgabe 2* zu: Wind, Friseur, Auto, Bohrmaschine. Begründe deine Auswahl anschließend mündlich einem Partner.

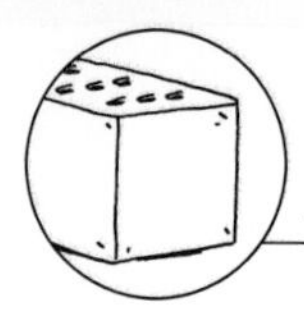

Die Knappheit von Gütern (1)

Gruppe 1: Wasserknappheit

Die Knappheit von Gütern bedeutet, dass bestimmte Dinge, die wir brauchen oder haben möchten, nur in begrenzter Menge vorhanden sind. Dabei kann es sich sowohl um wirtschaftliche Güter (z. B. Nahrung, Bildung) als auch freie Güter (z. B. Wasser) handeln.
Die Knappheit von Gütern kann verschiedene Auswirkungen auf unser tägliches Leben haben.

 = Einzelarbeit  = Gruppenarbeit

 ★ *Aufgabe 1*

Arbeite mithilfe der folgenden Informationen aus dem Internet heraus, welches Gut knapp ist, warum das Gut knapp ist und wie sich die Knappheit des Gutes auf die Menschen auswirken kann. Die Informationen kannst du über den QR-Code abrufen.

____

____

____

____

____

 ★ *Aufgabe 2*

Ergänze die Mindmap mit deinen Ergebnissen von *Aufgabe 1*.

 ★ *Aufgabe 3*

Vergleiche dein Ergebnis von *Aufgabe 1* mit deinen Gruppenmitgliedern. Nimm ggf. Ergänzungen und Korrekturen vor. Trage das Endergebnis in deine Mindmap ein.

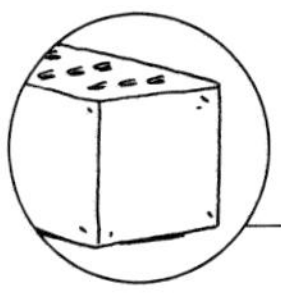

Die Knappheit von Gütern (2)

Gruppe 2: künstliche Verknappung

Die Knappheit von Gütern bedeutet, dass bestimmte Dinge, die wir brauchen oder haben möchten, nur in begrenzter Menge vorhanden sind. Dabei kann es sich sowohl um wirtschaftliche Güter (z. B. Nahrung, Bildung) als auch freie Güter (z. B. Wasser) handeln.
Die Knappheit von Gütern kann verschiedene Auswirkungen auf unser tägliches Leben haben.

 = Einzelarbeit  = Gruppenarbeit

 ★ *Aufgabe 1*

Arbeite mithilfe der folgenden Informationen aus dem Internet heraus, welches Gut knapp ist, warum das Gut knapp ist und wie sich die Knappheit des Gutes auf die Menschen auswirken kann. Die Informationen kannst du über den QR-Code abrufen.

____

____

____

____

____

 ★ *Aufgabe 2*

Ergänze die Mindmap mit deinen Ergebnissen von *Aufgabe 1*.

 ★ *Aufgabe 3*

Vergleiche dein Ergebnis von *Aufgabe 1* mit deinen Gruppenmitgliedern. Nimm ggf. Ergänzungen und Korrekturen vor. Trage das Endergebnis in deine Mindmap ein.

Die Knappheit von Gütern (3)

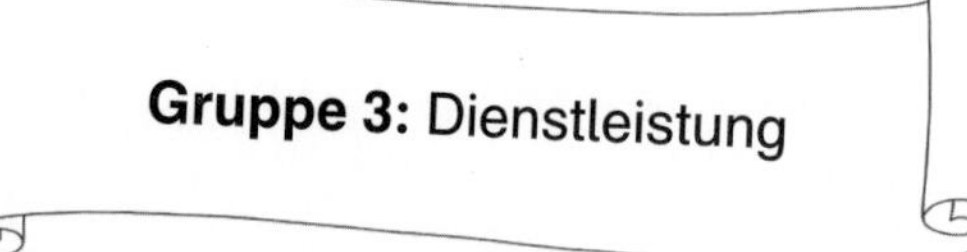

Die Knappheit von Gütern bedeutet, dass bestimmte Dinge, die wir brauchen oder haben möchten, nur in begrenzter Menge vorhanden sind. Dabei kann es sich sowohl um wirtschaftliche Güter (z. B. Nahrung, Bildung) als auch freie Güter (z. B. Wasser) handeln.
Die Knappheit von Gütern kann verschiedene Auswirkungen auf unser tägliches Leben haben.

 = Einzelarbeit  = Gruppenarbeit

 ★ *Aufgabe 1*

Arbeite aus dem folgenden Video heraus, welches Gut knapp ist, warum das Gut knapp ist und wie sich die Knappheit des Gutes auf die Menschen auswirken kann. Das Video kannst du über den QR-Code abrufen.

____

____

____

____

____

 ★ *Aufgabe 2*

Ergänze die Mindmap mit deinen Ergebnissen von *Aufgabe 1*.

 ★ *Aufgabe 3*

Vergleiche dein Ergebnis von *Aufgabe 1* mit deinen Gruppenmitgliedern. Nimm ggf. Ergänzungen und Korrekturen vor. Trage das Endergebnis in deine Mindmap ein.

Die Knappheit von Gütern (4)

Mindmap

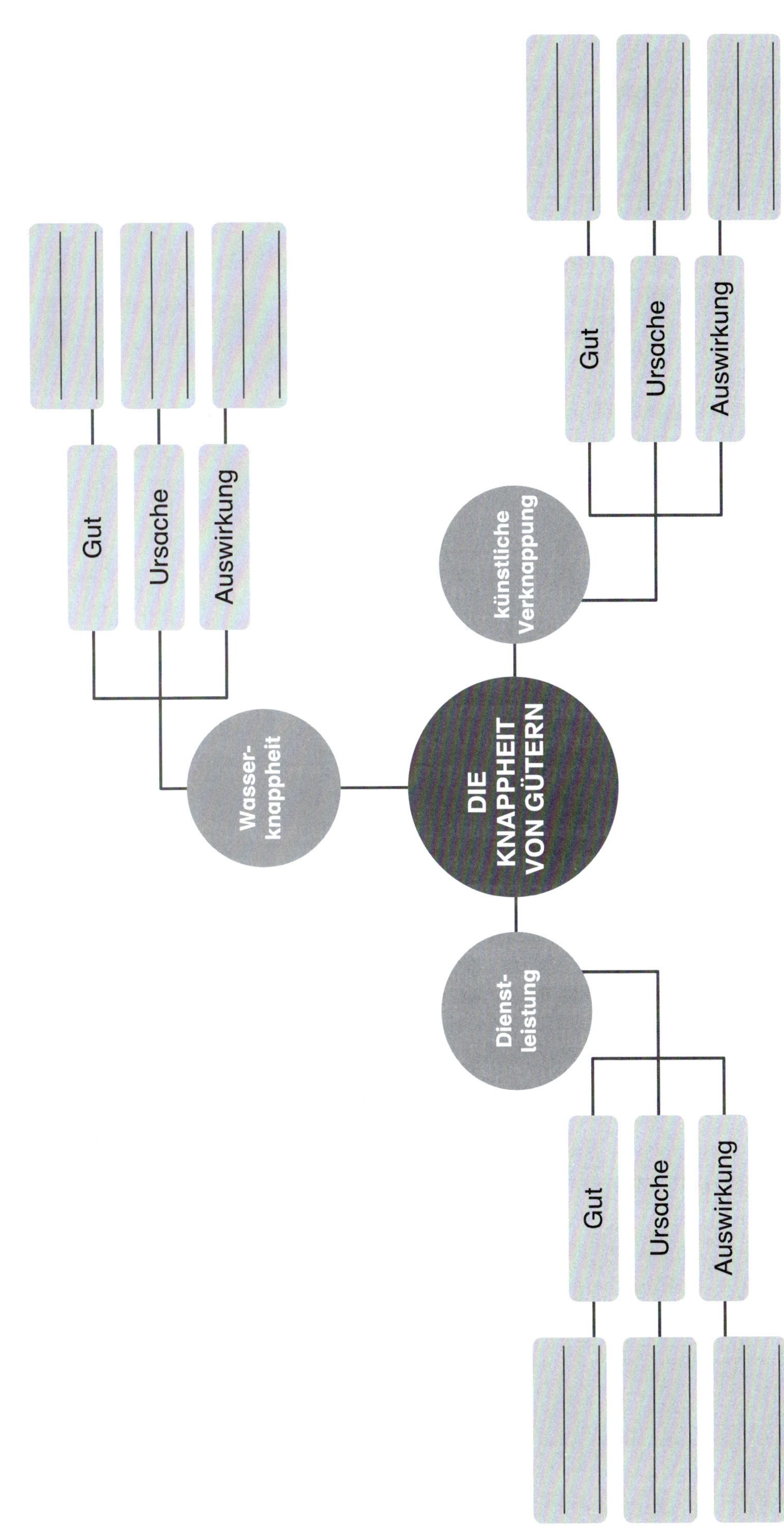

Das ökonomische Prinzip (1)

Das wirtschaftliche Grundproblem ist, dass es nicht genug von allen Dingen gibt, um alle Bedürfnisse der Menschen zu erfüllen. Die Dinge, die wir haben, wie Rohstoffe, Zeit und Geld, sind begrenzt. Um wirtschaftlich zu handeln, sollten wir diese knappen Ressourcen sparsam nutzen und trotzdem versuchen, die Bedürfnisse der Menschen so gut wie möglich zu erfüllen. Wenn der Nutzen, den wir erhalten, im Vergleich zum Aufwand, den wir dafür betreiben, hoch ist, handeln wir wirtschaftlich. Dies lässt sich unter dem **ökonomischen Prinzip** zusammenfassen, das sich wiederum in das Minimal- und Maximalprinzip unterteilen lässt.

★ *Aufgabe 1*

Schau dir das folgende Erklärvideo an und erkläre anschließend das ökonomische Prinzip in deinen eigenen Worten. Das Erklärvideo kannst du über den QR-Code abrufen.

____

____

____

____

____

____

____

____

★ *Aufgabe 2*

Die folgenden Personen handeln wirtschaftlich. Ermittle gemeinsam mit einem Partner, ob sie nach dem Minimal- oder nach dem Maximalprinzip handeln. Begründet eure Auswahl.

a) Jonas möchte am Wochenende zu seinem Freund nach Hamburg fahren. Im Internet informiert er sich über die günstigste Fahrtmöglichkeit.

Prinzip: ____

Begründung: ____

____

____

____

Das ökonomische Prinzip (2)

b) Elif möchte ihren mittleren Schulabschluss unbedingt mit einem „sehr gut" abschließen. Dafür lernt sie sehr viel.

Prinzip: ______________________________

Begründung: ______________________________

____

____

____

c) Bereits 500 000 Follower folgen Chiara auf ihrer Social-Media-Plattform. Sie setzt nun alles daran, in den nächsten Wochen weitere 100 000 Follower zu gewinnen.

Prinzip: ______________________________

Begründung: ______________________________

____

____

____

★★ *Aufgabe 3*

Formuliere mündlich gemeinsam mit einem Partner jeweils ein eigenes Beispiel für das Minimalprinzip und das Maximalprinzip. Notiere die Beispiele anschließend.

Beispiel für das Minimalprinzip: ______________________________

____

____

____

Beispiel für das Maximalprinzip: ______________________________

____

____

____

Der Wirtschaftskreislauf (1)

Der **einfache Wirtschaftskreislauf** ist ein Modell, das die privaten Haushalte und die Unternehmen miteinander in Beziehung setzt. Er beschreibt den Tausch von Geld und Gütern zwischen diesen beiden Beteiligten (Akteuren).
Unternehmen produzieren Güter, wie beispielsweise Waren und Dienstleistungen. Sie stellen Personen ein, um diese Güter herzustellen.
Diese Personen stammen aus den **privaten Haushalten**. Diese arbeiten für die Unternehmen und erhalten hierfür Geld. Außerdem kaufen die privaten Haushalte die produzierten Güter von ihrem verdienten Geld, um ihre Bedürfnisse zu erfüllen.
Dadurch erhalten die Unternehmen Geld, um ihre Güter zu produzieren und die Arbeiter zu bezahlen.
An der Wirtschaft sind aber nicht nur die Unternehmen und die privaten Haushalte beteiligt, sondern auch der Staat und die Banken. Diese werden im **erweiterten Wirtschaftskreislauf** berücksichtigt.
Die privaten Haushalte geben meist nicht ihr ganzes Geld für Güter aus, sondern sparen einen Teil ihres verdienten Geldes. Auch die Unternehmen und der Staat sparen einen Teil ihres Geldes und legen dieses somit bei der Bank an.
Außerdem müssen die privaten Haushalte einen Teil ihres Geldes an den Staat abgeben (Steuerzahlung).
Auch die Unternehmen müssen Steuern an den Staat zahlen. Der **Staat** verwendet diese Steuern, um beispielsweise Schulen und Straßen zu bauen. Hierfür beauftragt er wiederum Unternehmen. Der Staat nutzt die Steuern auch, um private Haushalte, die finanzielle Hilfe benötigen, zu unterstützen. Zudem greift der Staat teils ein, wenn die privaten Haushalte zu wenig Güter kaufen und die Unternehmen dadurch weniger verkaufen.
Die **Banken** stellen Geld für den Staat, die Unternehmen und die privaten Haushalte bereit (Kredite), welche von diesen genannten Akteuren wiederum zurückgezahlt werden müssen.

★ *Aufgabe 1*

Vervollständige die beiden Schaubilder auf dem ersten und dem zweiten Arbeitsblatt mithilfe des Informationstextes. Trage hierfür die aufgeführten Begriffe ein.

a) Kauf von Gütern – Verkauf von Gütern – Verdienst – Arbeitskraft

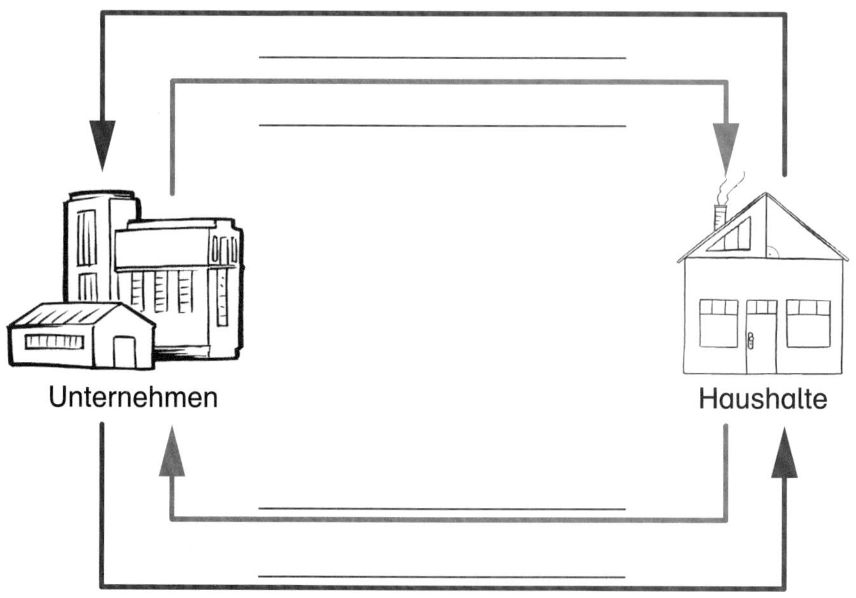

einfacher Wirtschaftskreislauf

Der Wirtschaftskreislauf (2)

b) Kauf von Gütern + Arbeitskraft – Verkauf von Gütern + Verdienst – Sparen + Rückzahlung (2x) – Bereitstellung von Krediten (2x) – Steuerzahlung (2x) – Aufträge + Unterstützung bei zu geringem Verkauf – Bau von Schulen und Straßen + Unterstützung in finanzieller Not

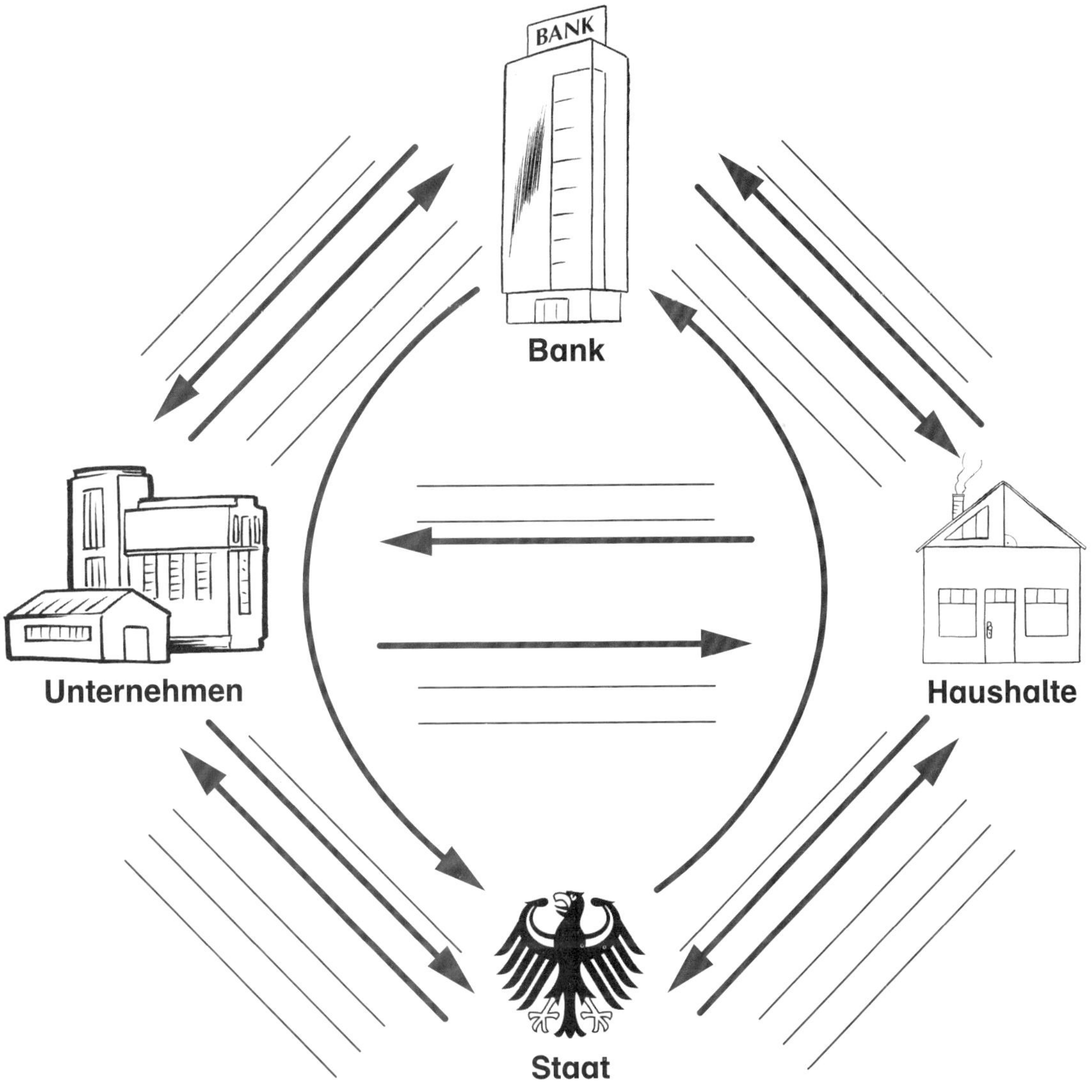

BANK

Bank

Unternehmen

Haushalte

Staat

erweiterter Wirtschaftskreislauf

★★ *Aufgabe 2*

Ermittle mithilfe der Informationen aus dem Text auf dem ersten Arbeitsblatt eine Gemeinsamkeit und einen Unterschied zwischen dem einfachen und dem erweiterten Wirtschaftskreislauf.

Gemeinsamkeit: ______________________________

____

Unterschied: ______________________________

____

Didaktisch-methodische Überlegungen

In dieser Unterrichtseinheit lernen die Schüler*innen den Markt als Ort des Tausches kennen. Der Markt ist der Ort, an dem Angebot und Nachfrage aufeinandertreffen.
Die Unterrichtsstunde „Was ist ein Markt?" zielt insbesondere mittels der *Aufgabe 3* auf dem Arbeitsblatt darauf ab, den Schüler*innen zu vermitteln, dass der Markt wesentlich zur Erfüllung von Bedürfnissen beiträgt.
Dass die Erfüllung individueller Bedürfnisse in Wirtschaftsordnungen ohne Markt zu kurz kommen kann, verdeutlicht die Unterrichtsstunde „Eine Alternative zum Markt: die Planwirtschaft". Als Grundlage für diese Erkenntnis dient zum einen eine vereinfachte Simulation zu Unterrichtsbeginn, die die Schüler*innen dazu anhält, die Planwirtschaft unmittelbar zu erleben. Zum anderen trägt die anschauliche Darstellungsform der Mindmap dazu bei. Die Mindmap beinhaltet wesentliche Merkmale sowie Vor- und Nachteile der Planwirtschaft.
Da die Wirtschaftsordnung der Marktwirtschaft häufig vertreten ist, werden in dieser Unterrichtseinheit vertiefend die soziale Marktwirtschaft in Deutschland sowie der Weltmarkt unter die Lupe genommen. Bereits im Einstieg der Unterrichtsstunde „Soziale Marktwirtschaft in Deutschland auf dem Prüfstand" wird den Schüler*innen das Ziel der sozialen Marktwirtschaft vermittelt. Das Gedankenexperiment zu Unterrichtsbeginn stellt zugunsten der Anschaulichkeit den analogen Bezug zu einem Fußballspiel her. Die Anschaulichkeit wird innerhalb der Unterrichtsstunde aufgrund der Komplexität des Sachverhaltes weiterhin verfolgt. Mittels eines adressatengerecht aufbereiteten Erklärvideos arbeiten die Schüler*innen unter anderem Vor- und Nachteile dieser Wirtschaftsordnung heraus.
Die Unterrichtsstunde „Internationaler Handel" zeigt, dass die ganze Welt ein Ort des Tausches ist. Die Allgegenwart ausländischer Produkte wird den Schüler*innen bei der Untersuchung der Etiketten ihrer persönlichen Gegenstände deutlich. Die wichtigsten Import- und Exportgüter sowie relevante Handelspartner Deutschlands erarbeiten die Schüler*innen mithilfe von Diagrammen, die aktuelle Zahlen aufweisen. Durch die Verwendung von Diagrammen wird zugleich die Fähigkeit geschult, Daten zu analysieren und daraus Informationen zu gewinnen.

Kompetenzen der Unterrichtseinheit

mit Fachwissen umgehen, bewerten und entscheiden

Ziel der Einheit

Die Schüler*innen definieren den Markt als Ort des Tausches, charakterisieren die Planwirtschaft als Alternative zum Markt und untersuchen vertiefend den deutschen Markt sowie den Weltmarkt.

AB Was ist ein Markt?

Stundenziel

Die Schüler*innen erklären den Begriff „Markt", erläutern dessen Funktion und unterscheiden zwischen verschiedenen Marktarten.

Einstiegsmöglichkeit

Zugunsten der Aktivierung des Vorwissens brainstormen die Schüler*innen zu der Stundenfrage „Was ist ein Markt?". Die Ergebnisse werden an der Tafel festgehalten, sodass im Rahmen der Sicherungsphase ein Bezug zu diesen hergestellt werden kann.

Benötigte Materialien

Für die Sicherungsphase benötigt jedes Zweier- bzw. Dreierteam einen Würfel.

Der Markt als Ort des Tausches

Erwartungshorizont

★ *Aufgabe 1*

Ein Markt ist ein Ort, an dem Käufer und Verkäufer zusammenkommen, um Güter und Geld auszutauschen.

★ *Aufgabe 2*

a) Konsumgüter- und Produktionsgütermarkt; b) Finanzmarkt; c) Arbeitsmarkt; d) Dienstleistungsmarkt

★★ *Aufgabe 3*

Ein möglicher Gedankengang hierzu könnte lauten: Wenn es keinen Markt geben würde, würde kein Austausch von Gütern gegen Geld stattfinden. Ein Leben ohne Markt würde die Menschen zur Selbstversorgung anhalten. Die Menschen müssten ihre eigenen Lebensmittel anbauen, ihre Kleidung selbst herstellen und sich selbst ärztlich versorgen. Die Selbstversorgung wäre zum einen zeitintensiv und auch die Vielfalt an Angeboten wäre möglicherweise nicht gegeben. Ein Leben ohne Markt wäre daher nicht wünschenswert.

Hilfestellung

Durch den Fettdruck relevanter Begrifflichkeiten im Informationstext und die Arbeit zu zweit oder zu dritt erhalten die Schüler*innen Unterstützung.

Sicherung

Die Arbeitsergebnisse werden im Plenum verglichen. Rückfragen seitens der Lernenden werden beantwortet. Um einen Bogen zum Unterrichtsbeginn zu spannen, werden die Ergebnisse aus dem Einstieg nun mittels des folgenden Impulses aufgegriffen: Vergleiche die Ergebnisse aus der Einstiegsphase mit denen aus der Erarbeitungsphase.

Daran anschließend sichern die Lernenden zu zweit oder zu dritt die wesentlichen Lerninhalte und reflektieren ihren Lernprozess. Hierfür benötigt jedes Paar einen Würfel. Abwechselnd würfeln sie und bearbeiten den Impuls, den sie gewürfelt haben.

Augenzahl 1: Erkläre den Begriff „Markt“.
Augenzahl 2: Erläutere die Funktion eines Marktes.
Augenzahl 3: Liste drei Marktarten auf.
Augenzahl 4: Untersuche, welche Marktart du für welche Bedürfnisse nutzen kannst.
Augenzahl 5: Liste auf, was dir in der Unterrichtsstunde gut gelungen ist.
Augenzahl 6: Arbeite eine deiner Stärken heraus, auf die du bei der Bearbeitung der Aufgaben zurückgegriffen hast.

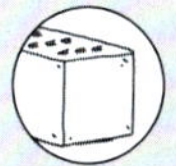

AB Eine Alternative zum Markt: die Planwirtschaft

Stundenziel

Die Schüler*innen stellen in Form einer Mindmap die wesentlichen Merkmale sowie Vor- und Nachteile der Planwirtschaft dar. Anschließend hinterfragen sie, aus welchen Gründen nur wenige Länder die Planwirtschaft verfolgen.

Einstiegsmöglichkeit

Zu Unterrichtsbeginn wird den Schüler*innen die Planwirtschaft mittels einer stark vereinfachten Simulation erlebbar gemacht. Alle Schüler*innen, bis auf eine*n, verkörpern die Staatsbürger*innen. Sie werden dazu angehalten, sich vorzustellen, dass sie in den Supermarkt einkaufen gehen, da ihnen noch ein bestimmtes Produkt für die Zubereitung ihrer Mahlzeit fehlt. Alle Schüler*innen denken sich in Einzelarbeit ein Lebensmittel aus und listen das ihnen noch fehlende Lebensmittel (z. B. Nudeln) jeweils auf einem Zettel auf.

Ein*e Schüler*in verkörpert den Staat. Der Staat bestimmt das Angebot im Supermarkt. Er weiß nicht, welchen Bedarf seine Staatsbürger*innen haben. Er listet zeitgleich ein Lebensmittel auf, das aus seiner Sicht von den meisten Staatsbürger*innen notiert wird. So möchte er sicherstellen, dass der Bedarf des Großteils gedeckt ist.
Anschließend liest der Staat das Lebensmittel vor, das er aufgeschrieben hat. Es folgt ein Abgleich mit dem Bedarf der Staatsbürger*innen: Wie viele Übereinstimmungen gibt es?
Abschließend werden die Ergebnisse und Erkenntnisse aus der Simulation diskutiert. Folgende Fragen können im Plenum aufgegriffen werden: Inwiefern entsprachen die Wünsche dem Angebot? Wie ist es dir dabei ergangen, als du gehört hast, dass dein Bedarf (nicht) mit dem Angebot übereinstimmt? Wie wichtig ist dir ein Angebot im Supermarkt, das deinen Wünschen entspricht? Wärst du auch mit alternativen Angeboten zufrieden?

Erwartungshorizont

★ *Aufgabe 1*

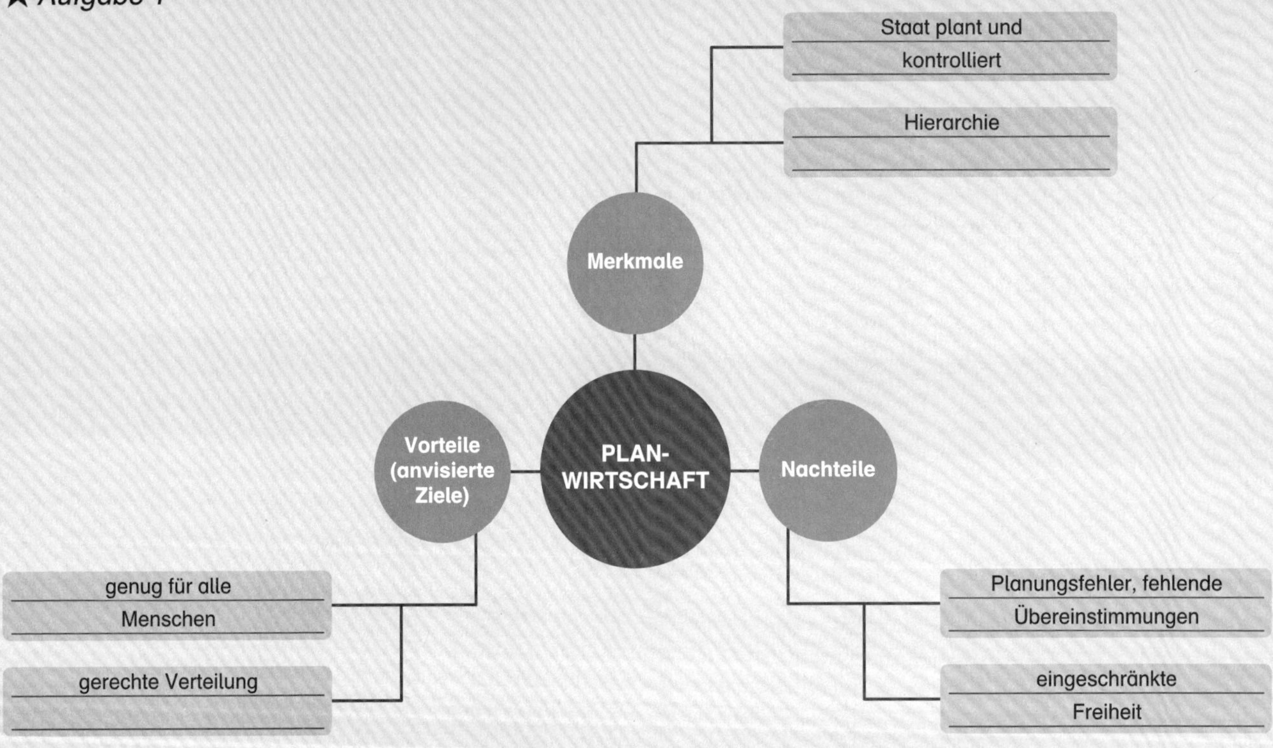

★★ *Aufgabe 2*

Aufgrund der schwerwiegenden Nachteile der Planwirtschaft, die bereits in *Aufgabe 1* erarbeitet wurden (u. a. Planungsfehler, fehlende Übereinstimmungen zwischen Angebot und Nachfrage, eingeschränkte Freiheit), haben nur noch wenige Länder die Planwirtschaft.

Hilfestellung

Der Fettdruck relevanter Wörter im Text, die Abbildung, die Vorgabe der Struktur der Mindmap sowie die Sozialform der Arbeit zu zweit oder zu dritt unterstützen die Schüler*innen bei der Ausarbeitung.

Sicherung

Die Arbeitsergebnisse werden im Plenum verglichen. Rückfragen seitens der Lernenden werden beantwortet.

AB Soziale Marktwirtschaft in Deutschland auf dem Prüfstand

Stundenziel

Die Schüler*innen nennen mittels einer Internetrecherche das Ziel sowie wesentliche Merkmale der sozialen Marktwirtschaft in Deutschland und arbeiten Vor- und Nachteile dieser Wirtschaftsordnung heraus.

Einstiegsmöglichkeit

Mithilfe eines Gedankenexperiments, das Bezug zur Lebenswelt der Schüler*innen nimmt, wird den Schüler*innen im Plenum das Ziel einer Wirtschaftsordnung verdeutlicht: In einem Fußballspiel gibt es Spielregeln. Die Einhaltung der Spielregeln überwacht ein*e Schiedsrichter*in. Folgende Impulse können gegeben werden: Stelle dir vor, es gäbe bei einem Fußballspiel keine*n Schiedsrichter*in. Wie würde das Spiel ablaufen? Stelle dir nun vor, ein*e Schiedsrichter*in würde ständig in das Spielgeschehen eingreifen. Wie würde das Spiel dann ablaufen?
Wenn ein*e Schiedsrichter*in fehlt, kann das Spiel unfair verlaufen. Wenn ein*e Schiedsrichter*in ständig in das Spielgeschehen eingreift, stört das den Spielfluss. Ein Mittelmaß aus beiden Varianten scheint wünschenswert.

Benötigte Materialien

Für die Internetrecherche benötigt jede*r Schüler*in ein digitales Endgerät mit Internetzugang und installierter Barcode-Scan-App.

Erwartungshorizont

★ *Aufgabe 1*

Die soziale Marktwirtschaft ist die Wirtschaftsordnung in Deutschland. Der Staat greift stellenweise bewusst in die Wirtschaft ein, damit der Kauf und Verkauf von Gütern funktioniert und fair bleibt.

★★ *Aufgabe 2*

Unternehmen können ihre Produkte zu einem Preis ihrer Wahl anbieten. Der Staat schützt und fördert beispielsweise den Wettbewerb zwischen den Unternehmen und verhindert so unter anderem Preisabsprachen. Gesetze regeln, wann und wie der Staat eingreift.

★★ *Aufgabe 3*

mögliche Lösung:

Vorteil	Nachteil
Unterstützung derjenigen, denen es weniger gut geht (Gerechtigkeit)	Art und Umfang der staatlichen Eingriffe sind umstritten

Hilfestellung

Sollten die Schüler*innen bei der Bearbeitung der Aufgaben Unterstützung benötigen, können sie sich mit ihrem*ihrer Sitznachbar*in austauschen.

Sicherung

Die Arbeitsergebnisse werden im Plenum verglichen. Rückfragen seitens der Lernenden werden beantwortet. Abschließend beurteilen die Schüler*innen die soziale Marktwirtschaft in Deutschland in Form eines Daumenfeedbacks: Daumen hoch heißt, sie befürworten die soziale Marktwirtschaft. Daumen runter heißt, sie lehnen die soziale Marktwirtschaft in Deutschland ab. Vereinzelte Schüler*innen können zur mündlichen Begründung ihrer Position angehalten werden.

AB Internationaler Handel

Stundenziel

Die Schüler*innen erläutern die Funktion sowie die Vor- und Nachteile des internationalen Handels. Sie arbeiten mittels einer Internetrecherche Deutschlands wichtigste Import- und Exportgüter sowie die relevanten Handelspartner heraus.

Einstiegsmöglichkeit

Die Schüler*innen erhalten folgenden Arbeitsauftrag, welchen sie mittels der Methode Think-Pair-Share (erst in Einzelarbeit, dann zu zweit oder zu dritt und anschließend im Plenum) bearbeiten: Ermittle anhand der Etiketten, woher folgende Produkte stammen: deine Schuhe, dein T-Shirt, ggf. deine Brille, dein Getränk, dein Pausensnack, eines deiner Schulbücher. Diskutiere mögliche Gründe für die Herkunft der Produkte.

Benötigte Materialien

Für die Internetrecherche benötigt jede*r Schüler*in ein digitales Endgerät mit Internetzugang und installierter Barcode-Scan-App.

Erwartungshorizont

★ *Aufgabe 1*

Beim internationalen Handel kaufen Länder Dinge aus anderen Ländern (Import) und verkaufen Dinge an andere Länder (Export). So können sie Waren und Dienstleistungen austauschen, die sie entweder nicht haben oder in denen sie besonders gut sind.

★ *Aufgabe 2*

Vorteile: Schaffung von Arbeitsplätzen, Angebotsvielfalt
Nachteile: Abhängigkeit von anderen Ländern, Verlust von Arbeitsplätzen bei geringer Nachfrage

★★ *Aufgabe 3*

Import: Datenverarbeitungsgeräte sowie elektronische und optische Erzeugnisse, Kraftwagen und Kraftwagenteile, chemische Erzeugnisse
Export: Kraftwagen und Kraftwagenteile, Maschinen, chemische Erzeugnisse

★★ *Aufgabe 4*

Import: China, Niederlande, USA
Export: USA, Frankreich, Niederlande

Hilfestellung

Der Fettdruck wichtiger Begriffe sowie die Sozialform der Arbeit zu zweit oder zu dritt unterstützen die Schüler*innen.

Sicherung

Die Arbeitsergebnisse werden im Plenum verglichen. Rückfragen seitens der Lernenden werden beantwortet. Weiterführend kann der Exportüberschuss Deutschlands aufgegriffen werden: Deutschland ist eine Exportnation. Das heißt, dass Deutschland mehr Güter exportiert als importiert. Welche Vorteile und welche Nachteile bringt dies mit sich? Wie viel Export/Import sollte erfolgen?
Durch einen Export können das wirtschaftliche Wachstum und der Wohlstand steigen. Wenn jedoch die Nachfrage nach deutschen Exporten in anderen Ländern sinkt, kann dies zu wirtschaftlichen Herausforderungen führen. Ein dauerhaftes Ungleichgewicht zwischen Exporten und Importen kann zu wirtschaftlichen Problemen führen, wie einer Schwächung der heimischen Industrien. Die optimale Balance zwischen Importen und Exporten ist schwer zu definieren, da sie von vielen Faktoren abhängt. Ein ausgewogener Handel kann dazu beitragen, die Abhängigkeit von externen Märkten zu verringern und gleichzeitig den Wohlstand und das Wirtschaftswachstum zu fördern.

Was ist ein Markt?

Märkte spielen in der Wirtschaft eine große Rolle. Sie sind Orte, an denen Menschen Dinge verkaufen sowie kaufen können. Es gibt viele verschiedene Märkte, die sich in ihren angebotenen Gütern voneinander unterscheiden. So gibt es beispielsweise **Konsumgüter- und Produktionsgütermärkte** (Lebensmittel, Kleidung, Baustoffe), **Dienstleistungsmärkte** (Gesundheit, Transport, Tourismus), **Arbeitsmärkte** (Arbeitskräfte, Beschäftigungsmöglichkeit), **Immobilienmärkte** (Grundstücke, Wohnungen, Häuser) sowie **Finanzmärkte** (Wertpapiere, Kredite).
Auf dem Markt begegnen sich Verkäufer und Käufer, auch Anbieter und Nachfrager genannt. Anbieter bringen Güter auf den Markt und bieten sie zum Verkauf an. Nachfrager haben bestimmte Bedürfnisse und sind bereit, für die Erfüllung dieser Bedürfnisse zu bezahlen. Märkte sind also Orte, an denen sich Angebot und Nachfrage treffen. Es findet der **Austausch von Gütern gegen Geld** statt. Die Preise bilden sich in Abhängigkeit von Angebot und Nachfrage auf dem Markt.

★ *Aufgabe 1*
Erkläre den Begriff „Markt“ und seine Funktion mithilfe der Informationen aus dem Text in einem Satz. Notiere die Antwort in deinem Heft.

★ *Aufgabe 2*
Beschrifte die Abbildungen, indem du die zutreffende Marktart notierst.

a)

Marktart: ______________________________

c)

Marktart: ______________________________

b)

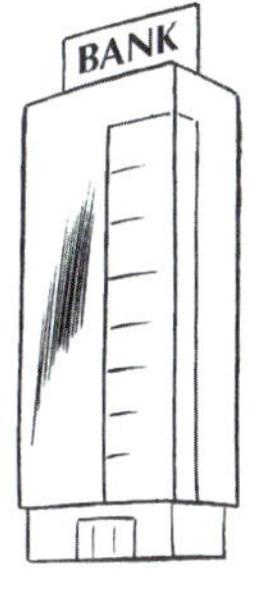

Marktart: ______________________________

d)

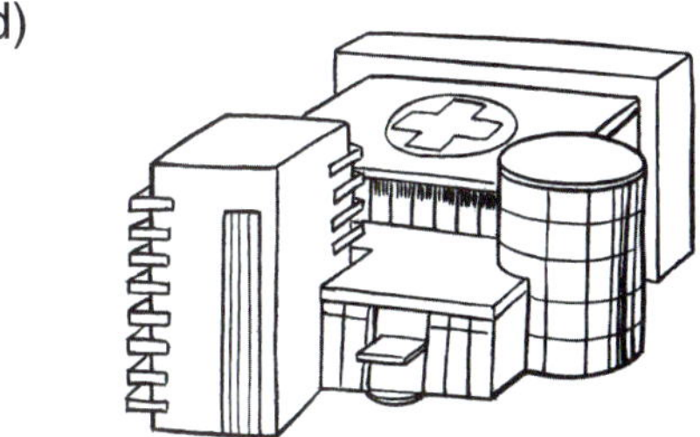

Marktart: ______________________________

★★ *Aufgabe 3*
Stelle gemeinsam mit einem Partner mündlich Vermutungen dazu an, wie ein Leben ohne Markt aussehen würde.
Folgende Fragen helfen bei der Ausarbeitung: Welche Auswirkung hätte das Fehlen eines Marktes auf den Zugang zu Gütern? Wie könnte die Versorgung der Menschen alternativ sichergestellt werden? Wäre ein Leben ohne Markt einfacher? Wäre ein Leben ohne Markt aus eurer Sicht wünschenswert?

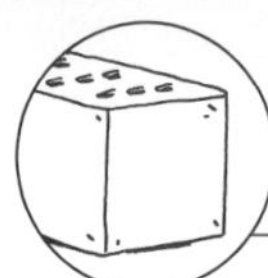

Eine Alternative zum Markt: die Planwirtschaft (1)

Häufig gilt der Markt als Ort des Tausches. Ein Markt ist ein Ort, an dem Käufer und Verkäufer zusammenkommen, um Güter und Geld auszutauschen. Im Folgenden lernst du ein Beispiel kennen, das auf eine andere Art und Weise einen Tausch ermöglicht. Diese Alternative nennt man Planwirtschaft. In einer Planwirtschaft **plant und kontrolliert der Staat**, welche Güter hergestellt und wie sie an die Bürger verteilt werden. Das kann dazu führen, dass das Angebot eventuell nicht vollständig mit den Wünschen der Menschen übereinstimmt. Die Menschen können also **nicht vollkommen frei** entscheiden, was sie kaufen oder verkaufen möchten. Der Staat trifft diese Entscheidungen für sie. Auch die Preise legt der Staat fest. Der Staat ist den privaten Haushalten und den Unternehmen somit **übergeordnet**.

Die Idee hinter der Planwirtschaft ist, dass jeder Mensch **genug** Dinge haben soll und dass alles **gerecht** verteilt wird. Aber es kann schwierig sein, alles so zu planen, dass das Angebot mit den Wünschen der Menschen **übereinstimmt**.
In der damaligen Deutschen Demokratischen Republik (DDR) beispielsweise gab es eine Planwirtschaft. In Nordkorea und Kuba existiert die Planwirtschaft auch heute noch.

★ *Aufgabe 1*
Vervollständige die Mindmap auf dem zweiten Arbeitsblatt mithilfe des Textes, indem du die Merkmale sowie Vor- und Nachteile der Planwirtschaft auflistest.

★★ *Aufgabe 2*
Stelle gemeinsam mit einem Partner Vermutungen dazu an, weshalb nur noch wenige Länder die Planwirtschaft haben. Die Arbeitsergebnisse aus *Aufgabe 1* unterstützen euch dabei.

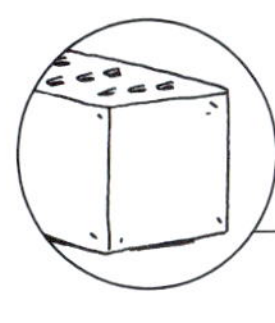

Eine Alternative zum Markt: die Planwirtschaft (2)

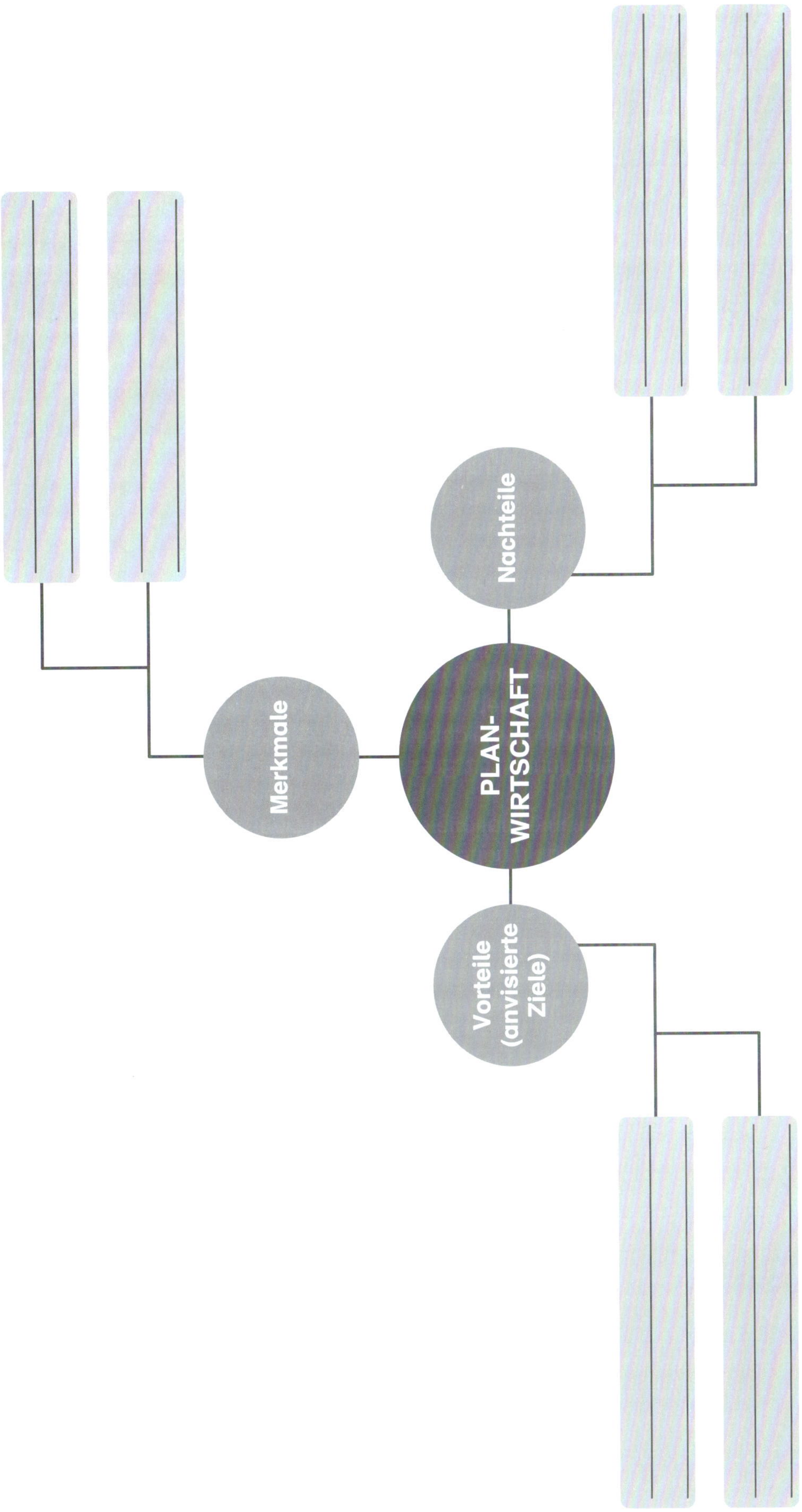

PLAN-WIRTSCHAFT

Merkmale

Nachteile

Vorteile (anvisierte Ziele)

Soziale Marktwirtschaft in Deutschland auf dem Prüfstand

In der Wirtschaft geht es um den Kauf und Verkauf von Gütern. Dafür gibt es, wie bei einem Fußballspiel, Spielregeln. Diese **Spielregeln** nennen sich in der Wirtschaft **Wirtschaftsordnung**. In Deutschland ist die Wirtschaftsordnung die soziale Marktwirtschaft. Was das Ziel der sozialen Marktwirtschaft in Deutschland ist, welche Merkmale diese hat und welche Vor- und Nachteile die Wirtschaftsordnung mit sich bringt, erfährst du nun in einem Erklärvideo.

★ *Aufgabe 1*

Arbeite aus dem folgenden Erklärvideo das Ziel der sozialen Marktwirtschaft heraus. Das Erklärvideo kannst du über den QR-Code abrufen.

___

___

___

___

★★ *Aufgabe 2*

Liste mithilfe der Informationen aus dem Erklärvideo drei Merkmale der sozialen Marktwirtschaft auf. Das Erklärvideo kannst du über den QR-Code oben abrufen.

___

___

___

___

___

★★ *Aufgabe 3*

Ermittle stichpunktartig mithilfe der Informationen aus dem Erklärvideo einen Vorteil und einen Nachteil der sozialen Marktwirtschaft in Deutschland. Das Erklärvideo kannst du über den QR-Code oben abrufen.

Vorteil	Nachteil
___	___
___	___
___	___
___	___

Internationaler Handel

Güter werden nicht nur innerhalb Deutschlands getauscht, sondern weltweit. Der internationale Handel bezieht sich auf den **Austausch** von Waren und Dienstleistungen **zwischen verschiedenen Ländern**.
Zahlreiche Dinge, die du täglich verwendest, kommen aus dem Ausland. Güter, die im Ausland produziert werden und dann in das eigene Land geliefert werden, nennt man **Importe** (Wareneinfuhr). Wenn Güter im eigenen Land hergestellt werden und dann in das Ausland geliefert werden, spricht man von **Exporten** (Ausfuhr).
Durch den internationalen Handel können Länder von den Fähigkeiten, den Ressourcen (Rohstoffvorkommen, Bestand) und den geringeren Kosten anderer Länder profitieren. Bananen beispielsweise können in Deutschland aufgrund der klimatischen Bedingungen nicht angebaut werden. Daher werden diese aus anderen Ländern, wie beispielsweise aus Ecuador, nach Deutschland importiert. Deutschland wiederum verfügt über das Wissen, wie man Autos produziert, und exportiert diese in andere Länder, beispielsweise in die USA.
Der internationale Handel schafft **Arbeitsplätze** und bietet den Menschen eine große **Auswahl** an Waren und Dienstleistungen.
Der internationale Handel kann aber auch dazu führen, dass ein Land zu stark von anderen Ländern **abhängig** wird und sich kaum noch selbst versorgen kann. Wenn Güter aus dem eigenen Land im Ausland außerdem nicht mehr gefragt sind, können Menschen ihre **Arbeitsplätze** verlieren.

★ *Aufgabe 1*
Erläutere gemeinsam mit einem Partner mündlich anhand der Informationen aus dem Text den internationalen Handel unter Verwendung der Begriffe „Import" und „Export".

★ *Aufgabe 2*
Liste gemeinsam mit deinem Partner mündlich anhand der Informationen aus dem Text zwei Vorteile sowie zwei Nachteile des internationalen Handels auf.

★★ *Aufgabe 3*
Arbeite mündlich gemeinsam mit deinem Partner mithilfe der folgenden Informationen aus dem Internet heraus, welche drei Güter in Deutschland hauptsächlich importiert und welche exportiert werden. Die Informationen kannst du über die beiden QR-Codes abrufen.

Import: 

Export: 

★★ *Aufgabe 4*
Arbeite mündlich gemeinsam mit deinem Partner mithilfe der folgenden Informationen aus dem Internet heraus, aus welchen drei Ländern Deutschland hauptsächlich importiert und in welche drei Länder Deutschland hauptsächlich exportiert. Die Informationen kannst du über den QR-Code abrufen.

Didaktisch-methodische Überlegungen

Geld ist ein wesentlicher Bestandteil der Wirtschaft und vereinfacht den Tausch von Waren. Daher widmet sich diese Unterrichtseinheit dieser relevanten Thematik.
In der Unterrichtsstunde „Die Bedeutung des Geldes" betrachten die Schüler*innen die Bedeutung des Geldes mithilfe diverser Methoden und Medien aus verschiedenen Perspektiven und entwickeln somit ein tieferes Verständnis für dessen Rolle in ihrem Leben und in der Gesellschaft. Mittels des Gedankenexperiments zu Unterrichtsbeginn nähern sich die Schüler*innen der Thematik auf kreative Weise an. Im Nachgang vermittelt der Informationstext in kompakter Form die Funktionen sowie die Vor- und Nachteile von Geld.
Tagtäglich sind die Schüler*innen mit Preisen konfrontiert. Ein Verständnis für die Preisbildung ermöglicht es den Schüler*innen, ihre eigenen Einkäufe und Verkäufe besser zu planen und zu verstehen. Wie die Preisbildung funktioniert, lernen die Schüler*innen mittels eines kurzen, anschaulichen Erklärvideos in der Unterrichtsstunde „Wie funktioniert die Preisbildung?". Zu Unterrichtsbeginn werden die unternehmerischen Fähigkeiten der Schüler*innen geschult, indem sie dazu angehalten werden, einen Verkaufspreis für einen Gegenstand begründet festzulegen.
Im Rahmen der Unterrichtsstunde „Bedeutet ein hoher Preis zugleich eine hohe Qualität?" lernen die Schüler*innen, die Qualität von Produkten und Dienstleistungen besser zu beurteilen und somit fundierte Kaufentscheidungen zu treffen. Im Einstieg steht der Austausch zwischen den Schüler*innen über ihre Vorerfahrungen und eigenen Sichtweisen im Fokus. Daran anschließend liefert ein kompakter Informationstext eine Antwort auf die Stundenfrage. Durch den Produktvergleich in *Aufgabe 3* schulen die Schüler*innen erneut ihre kommunikative Fähigkeit sowie das Treffen einer begründeten Kaufentscheidung.
Auch in der Unterrichtsstunde „Inflation und Deflation" hat der Austausch zwischen den Schüler*innen einen hohen Stellenwert. Dies begründet das kooperative Erschließen der Begriffe Inflation und Deflation. Aus anschaulichen Erklärvideos entnehmen die Schüler*innen die Begriffserklärungen, Ursachen und Folgen einer Inflation bzw. Deflation. Die Waage, in der die Arbeitsergebnisse festgehalten werden, verdeutlicht zum einen, dass derzeit eine Inflation vorliegt. Des Weiteren veranschaulicht die metaphorische Darstellung, dass Inflation und Deflation das Gleichgewicht in einer Wirtschaft beeinflussen können.

Kompetenzen der Unterrichtseinheit

mit Fachwissen umgehen, kommunizieren

Ziel der Einheit

Die Schüler*innen analysieren die Bedeutung des Geldes, erklären die Preisbildung, erläutern, inwieweit ein hoher Preis zugleich eine hohe Qualität bedeutet, und erschließen sich die Begriffe Inflation und Deflation.

AB Die Bedeutung des Geldes

Stundenziel

Die Schüler*innen analysieren die Bedeutung des Geldes, indem sie Funktionen sowie Vor- und Nachteile von Geld herausarbeiten.

Einstiegsmöglichkeit

Die Schüler*innen werden im Rahmen eines kreativen Schreibprozesses dazu angehalten, über die Bedeutung des Geldes nachzudenken: Skizziere (schriftlich in ganzen Sätzen oder grafisch) in Einzelarbeit, wie ein Leben ohne Geld aussehen würde. Folgende Leitfragen können dich dabei unterstüt-

zen: In welchen Situationen spielt Geld eine Rolle? Wie würden die Menschen ihre Bedürfnisse ohne Geld erfüllen? Welche neuen Chancen würden sich ohne Geld eröffnen? Welche Herausforderungen würden sich ergeben? Welche Lösungsmöglichkeiten gäbe es?
Eine mögliche Antwort könnte lauten: Ein Leben ohne Geld würde voraussichtlich anders aussehen als ein Leben mit Geld, vielleicht anstrengender. Statt Essen zu kaufen, würden die Menschen dieses vielleicht selbst anbauen oder tauschen. Kleidung würden sie eventuell selbst nähen oder tauschen. Vermutlich würde die Gesellschaft durch den direkten Tausch enger zusammenwachsen. Für weitere Arbeiten, neben der Selbstversorgung, könnte mutmaßlich der Anreiz fehlen, da es keine Belohnung in Form von Geld gäbe.
Die Arbeitsergebnisse werden im Plenum zusammengetragen und an der Tafel fixiert, sodass auf diese während der Sicherungsphase erneut Bezug genommen werden kann.

Benötigte Materialien

Um das Lied „G€ld“ von Seeed im Rahmen der Weiterarbeit (s. unten) aufgreifen zu können, werden ein Zugang zu dem Lied sowie Lautsprecher benötigt. Sofern die Visualisierung des Songtextes gewünscht ist (empfohlen), ist zudem ein Projektionsgerät samt -fläche erforderlich.

Erwartungshorizont

★ *Aufgabe 1*
Geld ist ein Zahlungsmittel, das den Austausch von Gütern vereinfacht.

★ *Aufgabe 2*
Vorteile: Maßstab für den Wert eines Gutes, Sparmöglichkeit
Nachteile: Fälschungen möglich, Abhängigkeit von Banken

★★ *Aufgabe 3*
Geld hat sich als Zahlungsmittel durchgesetzt, weil es den Tausch von Gütern vereinfacht. Der Tausch von Ware gegen Ware war oft umständlich und zeitaufwendig. Geld hilft zudem, den Wert von Dingen zu verstehen. Außerdem lässt es sich für später aufheben.

Hilfestellung

Die Leitfragen zum Einstieg sowie der Fettdruck relevanter Begriffe im Informationstext unterstützen die Schüler*innen.

Sicherung

Die Arbeitsergebnisse der *Aufgaben 1 bis 3* werden im Plenum verglichen. Rückfragen seitens der Lernenden werden beantwortet. Bezüge zu den Ergebnissen aus dem Unterrichtseinstieg werden hergestellt (Gemeinsamkeiten, Unterschiede, Ergänzungen, Korrekturen).

Weiterarbeit

Um die Bedeutung des Geldes vertiefend zu thematisieren, kann das Lied „G€ld“ von Seeed im Plenum aufgegriffen werden. Die Schüler*innen arbeiten aus dem Song die Bedeutung des Geldes heraus, hinterfragen die Auffassung und überprüfen abschließend, inwieweit die Auffassung über Geld mit ihrer eigenen Auffassung übereinstimmt. Das Lied (Dauer ca. 4 Minuten) und der Songtext können beispielsweise über den QR-Code abgerufen werden.

AB Wie funktioniert die Preisbildung?

Stundenziel

Die Schüler*innen definieren mittels einer Internetrecherche den Preis als Tauschwert einer Ware oder einer Dienstleistung und ermitteln, wie sich der Preis nach dem Angebot und der Nachfrage richtet.

Einstiegsmöglichkeit

Alle Schüler*innen schlüpfen in die Verkäufer*innenrolle und stellen in Einzelarbeit Überlegungen an, wie sie den Preis für ein und denselben Verkaufsgegenstand (z. B. einen Stift) festlegen würden. Mögliche Faktoren, die den Preis bestimmen, können sein: Herstellungskosten, Qualität, Nachfrage, Wettbewerb.

Benötigte Materialien

Für die Internetrecherche benötigt jede*r Schüler*in ein digitales Endgerät mit Internetzugang und installierter Barcode-Scan-App.

Erwartungshorizont

★ *Aufgabe 1*

Der Preis ist der Geldbetrag, den jemand für den Kauf eines Produktes oder einer Dienstleistung bezahlen muss. Er spiegelt den Wert wider, den Käufer*innen und Verkäufer*innen einem Produkt oder einer Dienstleistung zuschreiben, und wird durch Angebot und Nachfrage auf dem Markt bestimmt. Der Preis ist der Betrag, den eine Person bereit ist zu zahlen, um das Gewünschte zu erhalten, und der Betrag, den der*die Verkäufer*in akzeptiert, um das Produkt oder die Dienstleistung anzubieten.

★ *Aufgabe 2*

a) Der Preis orientiert sich am Angebot und an der Nachfrage.

b) Wenn viele Käufer etwas kaufen wollen, ist die Nachfrage hoch.

~~c) Wenn viele Verkäufer etwas anbieten, ist das Angebot gering.~~

d) Wenn viele Käufer etwas kaufen wollen und es nicht genug davon gibt, steigt der Preis.

e) Wenn weniger Käufer etwas kaufen wollen und es viel davon gibt, sinkt der Preis.

~~f) Verkäufer möchten wenig Geld verdienen, Nachfrager möchten viel Geld ausgeben.~~

~~g) Wenn ein Verkäufer zu wenig Geld für ein Produkt verlangt, kaufen die Käufer bei der Konkurrenz ein.~~

h) Wenn ein Verkäufer zu wenig Geld für ein Produkt verlangt, kann er seine Kosten (z. B. Herstellungskosten) nicht decken.

★★ *Aufgabe 3*

a) **Mögliche Ursachen:** Erntezeit und somit großes Angebot im Sommer, Produktanbau bzw. Import im Winter teuer

b) **Mögliche Ursachen:** Technologische Fortschritte/Verbesserungen verleiten Käufer*innen oft zum Kauf des neueren und teureren Produktes.

Hilfestellung

Die Schüler*innen können sich untereinander unterstützen.

Sicherung

Die Arbeitsergebnisse werden im Plenum verglichen. Rückfragen seitens der Lernenden werden beantwortet.

AB Bedeutet ein hoher Preis zugleich eine hohe Qualität?

Stundenziel

Die Schüler*innen erläutern, inwieweit ein hoher Preis zugleich eine hohe Qualität bedeutet.

Einstiegsmöglichkeit

In einer Murmelphase tauschen sich die Schüler*innen zu zweit oder zu dritt über die folgenden Fragen aus: Wofür bist du bereit, einen hohen Preis zu zahlen? Mögliche Antworten: hohe Qualität, Einzigartigkeit, Notwendigkeit, Gesundheit, Bildung, Unterhaltung, Wohnen. Welche Produkte oder Dienstleistun-

gen erscheinen dir zu teuer? Mögliche Antworten: Luxusgüter (z.B. Uhren, Taschen), verschiedene Markenartikel im Vergleich zu Eigenmarken von Ketten, Star-Friseure. Verbindest du einen hohen Preis mit einer sehr guten Qualität? Mögliche Antwort: überwiegend „ja".
Anschließend werden vereinzelte Antworten im Plenum zusammengetragen.

Erwartungshorizont

★ *Aufgabe 1*

Eine hohe Qualität kann einen hohen Preis rechtfertigen. Wenn aufwendige Herstellungsverfahren und hochwertige Materialien verwendet werden und ein guter Service angeboten wird, kann sich dies in einem hohen Kaufpreis bemerkbar machen.

★ *Aufgabe 2*

In manchen Fällen spiegelt ein hoher Preis nicht zugleich eine hohe Qualität wider. Teils verlangen Marken einen höheren Preis, um ihre hohen Kosten für die Werbung wieder einzutreiben. Trendprodukte sind ebenfalls oftmals teurer. Marken- und Trendprodukte sind jedoch in der Qualität nicht unbedingt hochwertiger als No-Name-Produkte.

★★ *Aufgabe 3*

a) **frische Vollmilch im Vergleich:** Die frische Vollmilch der Marke ist teurer. Der höhere Preisunterschied bedeutet in diesem Fall aber nicht zugleich eine höhere Qualität. Der Preisunterschied zwischen der Eigenmarke und dem Markenprodukt ist nicht gerechtfertigt, da alle Vergleichskriterien identisch sind (Zutaten, Füllmenge usw.). Voraussichtlich kostet das Markenprodukt mehr, da das Unternehmen mehr Geld für die Werbung benötigt.
b) **Handtaschen im Vergleich:** Die Handtasche 1 ist aufgrund der Materialbeschaffenheit (Kunstleder) von geringerer Qualität als die Handtasche 2 (Leder). Der höhere Preis für die Handtasche 2 lässt sich durch das höherwertige Material rechtfertigen. In diesem Fall bedeutet der höhere Preis zugleich eine höhere Qualität.
c) **T-Shirts im Vergleich:** Das Marken-T-Shirt kostet aufgrund des Markenschriftzuges mehr, obwohl das Material (Polyester) qualitativ schlechter ist als das Material des No-Name-Produktes (Baumwolle). Der höhere Preis bedeutet hier also keine höhere Qualität.

Hilfestellung

Der Austausch zu zweit oder zu dritt sowie der Fettdruck relevanter Begriffe im Informationstext unterstützen die Schüler*innen.

Sicherung

Die Arbeitsergebnisse der *Aufgaben 1 bis 3* werden im Plenum zusammengetragen. Rückfragen seitens der Lernenden werden beantwortet. Bezüge zu den Ergebnissen aus der Einstiegsphase werden hergestellt. Mögliche Impulse hierzu können lauten: Wie beantwortest du die Fragen vom Einstieg nun? Inwieweit hast du deine Meinung geändert? Inwiefern wurde deine Meinung gestärkt? Abschließend nehmen die Schüler*innen begründet Stellung zur Stundenfrage.

AB Inflation und Deflation

Stundenziel

Die Schüler*innen erschließen sich kooperativ mithilfe des Internets die Begriffe „Inflation" und „Deflation" unter Einbeziehung der Ursachen und Folgen.

Einstiegsmöglichkeit

Damit ausreichend Zeit für die Erarbeitungs- und Sicherungsphase zur Verfügung steht, erfolgt lediglich ein informativer Unterrichtseinstieg über das Stundenthema sowie über den Ablauf der Stunde.

Vorbereitungen

Die Schüler*innen bilden Zweierteams. Ein*e Schüler*in erschließt sich die Inflation (Gruppe 1: Inflation), ein*e Schüler*in erschließt sich die Deflation (Gruppe 2: Deflation). Jedem*jeder Lernenden sollte neben dem Arbeitsblatt mit den Aufgaben der jeweiligen Themengruppe *(AB 1 und 2)* die *Waage: Inflation und Deflation* (*AB 3)* vorliegen.

Benötigte Materialien

Für die Internetrecherche benötigt jede*r Schüler*in ein digitales Endgerät mit Internetzugang und installierter Barcode-Scan-App.

Erwartungshorizont

★ *Aufgabe 1 und 2*

Inflation

Erklärung: Preisanstieg
Ursachen: Rohstoffpreise steigen. Die Nachfrage ist hoch. Das Angebot ist knapp.
Folgen: Geld ist weniger wert. Man bekommt weniger für sein Geld.

Deflation

Erklärung: Die Preise sinken.
Ursachen: Die Menschen und der Staat sparen. Kredite sind teuer. Das Angebot ist größer als die Nachfrage.
Folgen: Güter verlieren an Wert. Mitarbeiter werden entlassen. Unternehmen schließen.

★★ *Aufgabe 3*

Von 2021 bis 2023 herrschte eine sehr hohe Inflation. Gründe für die Inflation waren insbesondere die steigende Nachfrage nach Waren und Dienstleistungen nach der Coronapandemie und ein geringeres Angebot an Waren und Dienstleistungen infolge des Russisch-Ukrainischen Krieges. Mit der hohen Nachfrage und dem geringeren Angebot gingen steigende Preise für Waren und Dienstleistungen einher. Derzeit liegt weiterhin eine Inflation vor, diese ist jedoch sehr niedrig, denn der Preisanstieg, zum Beispiel von Nahrungsmitteln, hat sich verlangsamt (Stand: Juni 2024).

Hilfestellung

Der Austausch untereinander unterstützt die Schüler*innen.

Sicherung

Die Arbeitsergebnisse der zwei Themengruppen werden gemeinsam im Plenum zusammengetragen und von den Schüler*innen in ihrer Waage auf dem zweiten Arbeitsblatt ggf. ergänzt und/oder korrigiert, um sicherzustellen, dass alle Schüler*innen über die relevanten Inhalte beider Themengruppen verfügen. Unklarheiten werden ebenfalls geklärt.
Abschließend reflektieren die Schüler*innen ihren Erkenntnisgewinn und den Arbeitsprozess. Folgende Leitfragen können hierfür zweckdienlich sein: Was war neu für euch? Was hat euch überrascht? Wäre euch eine Inflation oder Deflation lieber? Wie bewertet ihr die heutige Teamarbeit auf einer Skala von 1 bis 10?

Die Bedeutung des Geldes

Geld kannst du verdienen, ausgeben, sparen, vermehren, verlieren. Geld ist zudem etwas, das wir Menschen benutzen, um Dinge zu kaufen und zu verkaufen. Es ist also ein **Zahlungsmittel** und **erleichtert den Austausch** von Gütern. Geld hilft uns außerdem zu wissen, welchen Wert etwas hat. Es funktioniert also als ein **Maßstab für den Wert** eines Gutes und ermöglicht so einen Vergleich. Darüber hinaus kann Geld **gespart** bzw. aufbewahrt und dann ausgegeben werden, wenn es benötigt wird.

Bevor Geld als Zahlungsmittel verwendet wurde, tauschten Menschen Güter direkt miteinander, anstatt Geld als Tauschmittel zu nutzen. Sie tauschten Dinge, die sie hatten, gegen Dinge, die sie brauchten. Daraus ergaben sich jedoch Schwierigkeiten, wie beispielsweise folgende: Ein Tausch war oft **umständlich und zeitaufwändig**, da man eine Person finden musste, die genau das anbot, was man selbst suchte. Zeitgleich musste die Person genau das benötigen, was man selbst tauschen wollte. Des Weiteren kam es zu **Uneinigkeiten** beim Tausch hinsichtlich des Wertes einer Sache.

Geld tritt heutzutage in vielfältigen Arten auf. So existieren das Bargeld sowie verschiedene bargeldlose Zahlverfahren, wie die Kartenzahlung sowie die Überweisung. Doch auch Geld bringt Nachteile mit sich. So kann Bargeld beispielsweise **gefälscht** werden, was zu Betrug und wirtschaftlichen Verlusten führen kann. Kontodaten können gestohlen und missbraucht werden. Ein weiterer Nachteil ist, dass man auf Banken angewiesen ist, um an das eigene Geld zu kommen. Die **Abhängigkeit** von Banken kann zu Schwierigkeiten führen, zum Beispiel dann, wenn ein technischer Fehler den Zugriff auf das Geld verhindert.

★ *Aufgabe 1*

Definiere anhand der Informationen aus dem Text den Begriff „Geld“, indem du seine zentrale Funktion benennst.

___

___

★ *Aufgabe 2*

Liste anhand der Informationen aus dem Text stichpunktartig zwei Vorteile sowie zwei Nachteile von Geld auf.

Vorteile: ___

Nachteile: ___

★★ *Aufgabe 3*

Erkläre anhand des Informationstextes, warum sich schlussendlich Geld als Zahlungsmittel durchgesetzt hat.

___

___

___

___

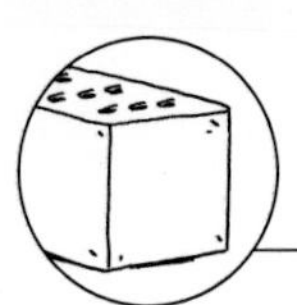

Wie funktioniert die Preisbildung? (1)

Der Preis ist der **Tauschwert** einer Ware oder einer Dienstleistung. Er richtet sich nach dem **Angebot** und der **Nachfrage**. Wenn viele Leute etwas kaufen wollen (hohe Nachfrage) und es nicht genug davon gibt (geringes Angebot), steigt der Preis. Wenn weniger Leute etwas kaufen wollen (niedrige Nachfrage) und es viel davon gibt (hohes Angebot), sinkt der Preis.

★ *Aufgabe 1*

Definiere den Preis in deinen eigenen Worten. Die Informationen aus dem folgenden Erklärvideo können dir dabei helfen. Das Erklärvideo kannst du über den QR-Code abrufen.

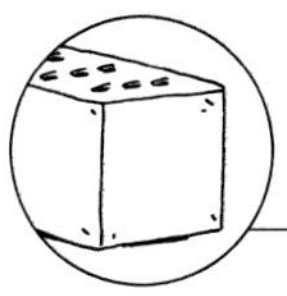

Wie funktioniert die Preisbildung? (2)

★ *Aufgabe 2*

Überprüfe die Richtigkeit der folgenden Aussagen. Streiche falsche Aussagen durch. Die Informationen aus dem Erklärvideo von *Aufgabe 1* können dir dabei helfen.

a) Der Preis orientiert sich am Angebot und an der Nachfrage.

b) Wenn viele Käufer etwas kaufen wollen, ist die Nachfrage hoch.

c) Wenn viele Verkäufer etwas anbieten, ist das Angebot gering.

d) Wenn viele Käufer etwas kaufen wollen und es nicht genug davon gibt, steigt der Preis.

e) Wenn weniger Käufer etwas kaufen wollen und es viel davon gibt, sinkt der Preis.

f) Verkäufer möchten wenig Geld verdienen, Nachfrager möchten viel Geld ausgeben.

g) Wenn ein Verkäufer zu wenig Geld für ein Produkt verlangt, kaufen die Käufer bei der Konkurrenz ein.

h) Wenn ein Verkäufer zu wenig Geld für ein Produkt verlangt, kann er seine Kosten (z. B. Herstellungskosten) nicht decken.

★★ *Aufgabe 3*

Saisonale Schwankungen, Naturkatastrophen, der Kaufzeitpunkt, Trends, technologische Fortschritte usw. können Preise beeinflussen. Stelle stichpunktartig Vermutungen an, warum bei den folgenden Produktbeispielen die Preise aufgrund von Angebot und Nachfrage gestiegen oder gesunken sind. Arbeite wie im Beispiel.

Beispiel: Vor Weihnachten steigt der Preis für ein beliebtes Spielzeug.

Mögliche Ursachen: hohe Nachfrage aufgrund der Saison; schlechter Kaufzeitpunkt, da viele Menschen Weihnachtsgeschenke benötigen

a) Erdbeeren sind im Sommer günstiger als im Winter.

Mögliche Ursachen: ______________________________

____

____

____

b) Wenn ein neues Smartphone auf den Markt kommt, können die Preise für das ältere Modell sinken.

Mögliche Ursachen: ______________________________

____

____

____

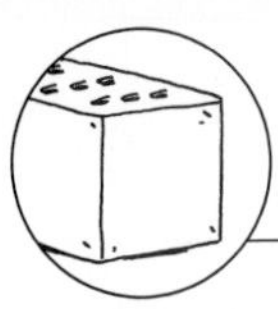

Bedeutet ein hoher Preis zugleich eine hohe Qualität? (1)

Der Preis gibt Informationen über den Wert einer Ware oder Dienstleistung. Wenn der Preis hoch ist, scheint das Produkt hochwertig zu sein. Doch ist das immer der Fall?
Ein hoher Preis kann Auskunft über die Qualität des Produktes geben. So kosten beispielsweise Bio-Produkte oftmals mehr als andere Artikel, da die **Herstellung** von Bio-Produkten mehr kostet. Verschiedene Luxusartikelhersteller verwenden hochwertige **Materialien** und bieten einen sehr guten **Service**. Dies spiegelt sich im teuren Kaufpreis wider.
Es gibt aber auch Beispiele für teure Produkte, die nicht unbedingt eine bessere Qualität bieten als günstigere Alternativen. Einige Produkte werden einfach teurer verkauft, weil sie von bekannten Marken stammen. Die **Markenprodukte** sind in der Qualität der Materialien oder der Verarbeitung jedoch nicht unbedingt besser als No-Name-Produkte. Die Markenprodukte sind teurer, weil ein großer Teil des Preises für die **Werbung** dieser Produkte genutzt wird.
Ebenso können Produkte, die auf aktuellen **Trends** basieren, zu höheren Preisen verkauft werden, auch wenn die tatsächliche Qualität nicht unbedingt besser ist. Die hohe Nachfrage ermöglicht es den Unternehmen, höhere Preise zu verlangen, da die Kunden bereit sind, mehr zu zahlen, um „im Trend" zu sein.
Ein hoher Preis bedeutet also nicht zugleich eine hohe Qualität. Es ist möglich, hochwertige Produkte zu einem angemessenen Preis zu finden, während es auch Produkte geben kann, die überteuert sind.
Das Lesen von Produktbewertungen, das Vergleichen von Produkten und das Abgleichen der eigenen Anforderungen mit den Eigenschaften eines Produktes kann beim Treffen einer Kaufentscheidung helfen.

★ *Aufgabe 1*
Erläutere, wann ein hoher Preis zugleich eine hohe Qualität bedeutet.

___

___

___

___

★ *Aufgabe 2*
Erläutere, wann ein hoher Preis nicht zugleich eine hohe Qualität bedeutet.

___

___

___

___

___

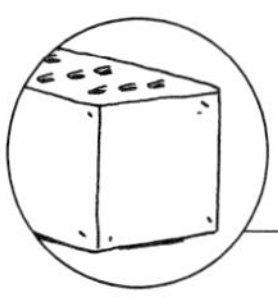

Bedeutet ein hoher Preis zugleich eine hohe Qualität? (2)

★★ *Aufgabe 3*

Vergleiche gemeinsam mit einem Partner folgende Produkte miteinander. Überprüft anhand der Funktionen/Materialien/Zutaten, ob der höhere Preis zugleich eine höhere Qualität bedeutet.

a) **frische Vollmilch im Vergleich:**

frische Vollmilch 1 (Eigenmarke)
Zutaten: Milch
Fett: 3,5 %
Füllmenge: 1 l
Preis: 1,15 €

frische Vollmilch 2 (Markenprodukt)
Zutaten: Milch
Fett: 3,5 %
Füllmenge: 1 l
Preis: 1,59 €

b) **Handtaschen im Vergleich:**

No-Name-Handtasche 1
Material: Kunstleder
Größe: 20 l
Preis: 30,00 €

No-Name-Handtasche 2
Material: Leder
Größe: 20 l
Preis: 80,00 €

c) **T-Shirts im Vergleich:**

Marken-T-Shirt
Farbe: grau, mit Markenschriftzug
Material: Polyester
Preis: 80,00 €

No-Name-T-Shirt
Farbe: grau, ohne Schriftzug
Material: Baumwolle
Preis: 20,00 €

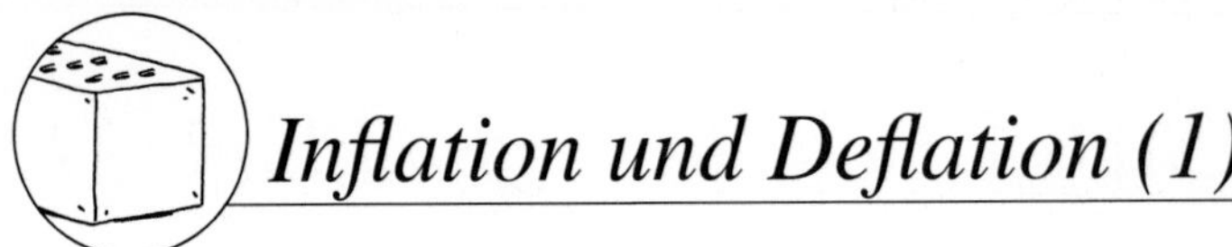

Inflation und Deflation (1)

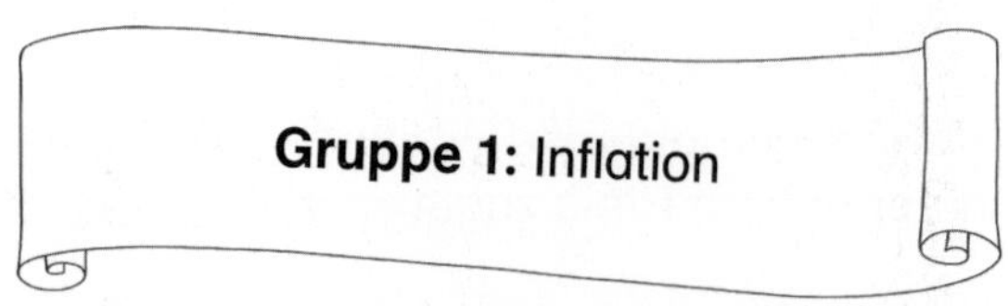

Gruppe 1: Inflation

Inflation und Deflation haben Einfluss auf die Preise von Waren und Dienstleistungen. Inflation bedeutet, dass die Preise von Gütern (z. B. Nahrung, Kleidung, Strom) steigen. In dem Fall kannst du dir mit deinem Geld weniger kaufen.
Deflation ist das Gegenteil von Inflation. Hier fallen die Preise von Gütern und du kannst dir mit deinem Geld mehr kaufen.
Es liegt zumeist entweder eine Inflation oder eine Deflation vor. Ziel ist es, ein Gleichgewicht zwischen Inflation und Deflation herzustellen.

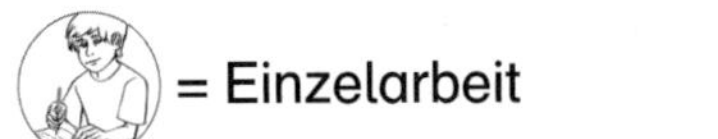 = Einzelarbeit  = Partnerarbeit

 ★ *Aufgabe 1*

Arbeite aus dem folgenden Erklärvideo eine Erklärung sowie mindestens je eine Ursache und eine Folge für Inflation heraus. Trage deine Antworten anschließend stichpunktartig auf dem Arbeitsblatt *Waage: Inflation und Deflation* ein. Das Erklärvideo kannst du über den QR-Code abrufen.

 ★ *Aufgabe 2*

Tauscht euch über eure Ergebnisse von *Aufgabe 1* aus. Tragt die Ergebnisse stichpunktartig auf dem Arbeitsblatt *Waage: Inflation und Deflation* ein.

 ★★ *Aufgabe 3*

In den letzten Jahren sind die Lebensmittel- und Energiepreise stark gestiegen (Stand 2024). Das liegt vor allem an den Auswirkungen der Coronapandemie und des Russisch-Ukrainischen Krieges. Liegt aktuell eine Inflation oder eine Deflation in Deutschland vor? Begründet eure Antwort.

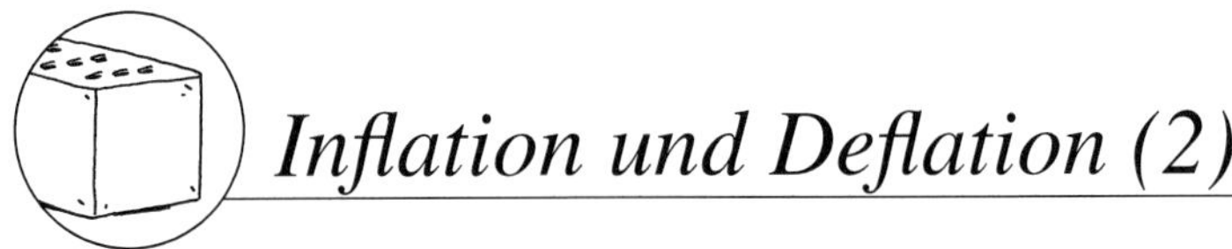

Inflation und Deflation (2)

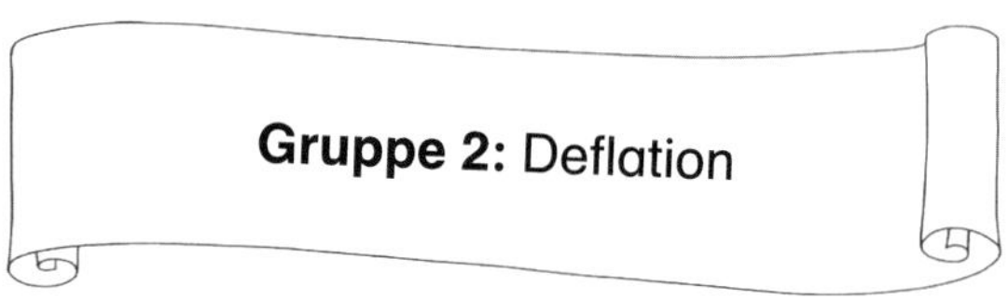

Gruppe 2: Deflation

Inflation und Deflation haben Einfluss auf die Preise von Waren und Dienstleistungen. Inflation bedeutet, dass die Preise von Gütern (z. B. Nahrung, Kleidung, Strom) steigen. In dem Fall kannst du dir mit deinem Geld weniger kaufen.
Deflation ist das Gegenteil von Inflation. Hier fallen die Preise von Gütern und du kannst dir mit deinem Geld mehr kaufen.
Es liegt zumeist entweder eine Inflation oder eine Deflation vor. Ziel ist es, ein Gleichgewicht zwischen Inflation und Deflation herzustellen.

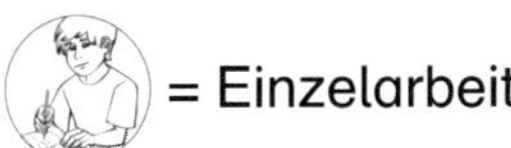 = Einzelarbeit  = Partnerarbeit

 ★ *Aufgabe 1*

Arbeite aus dem folgenden Erklärvideo eine Erklärung sowie mindestens je eine Ursache und eine Folge für Deflation heraus. Trage deine Antworten anschließend stichpunktartig auf dem Arbeitsblatt *Waage: Inflation und Deflation* ein. Das Erklärvideo kannst du über den QR-Code abrufen.

 ★ *Aufgabe 2*

Tauscht euch über eure Ergebnisse von *Aufgabe 1* aus. Tragt die Ergebnisse stichpunktartig auf dem Arbeitsblatt *Waage: Inflation und Deflation* ein.

 ★★ *Aufgabe 3*

In den letzten Jahren sind die Lebensmittel- und Energiepreise stark gestiegen (Stand 2024). Das liegt vor allem an den Auswirkungen der Coronapandemie und des Russisch-Ukrainischen Krieges. Liegt aktuell eine Inflation oder eine Deflation in Deutschland vor? Begründet eure Antwort.

____

____

____

____

____

____

____

Waage: Inflation und Deflation

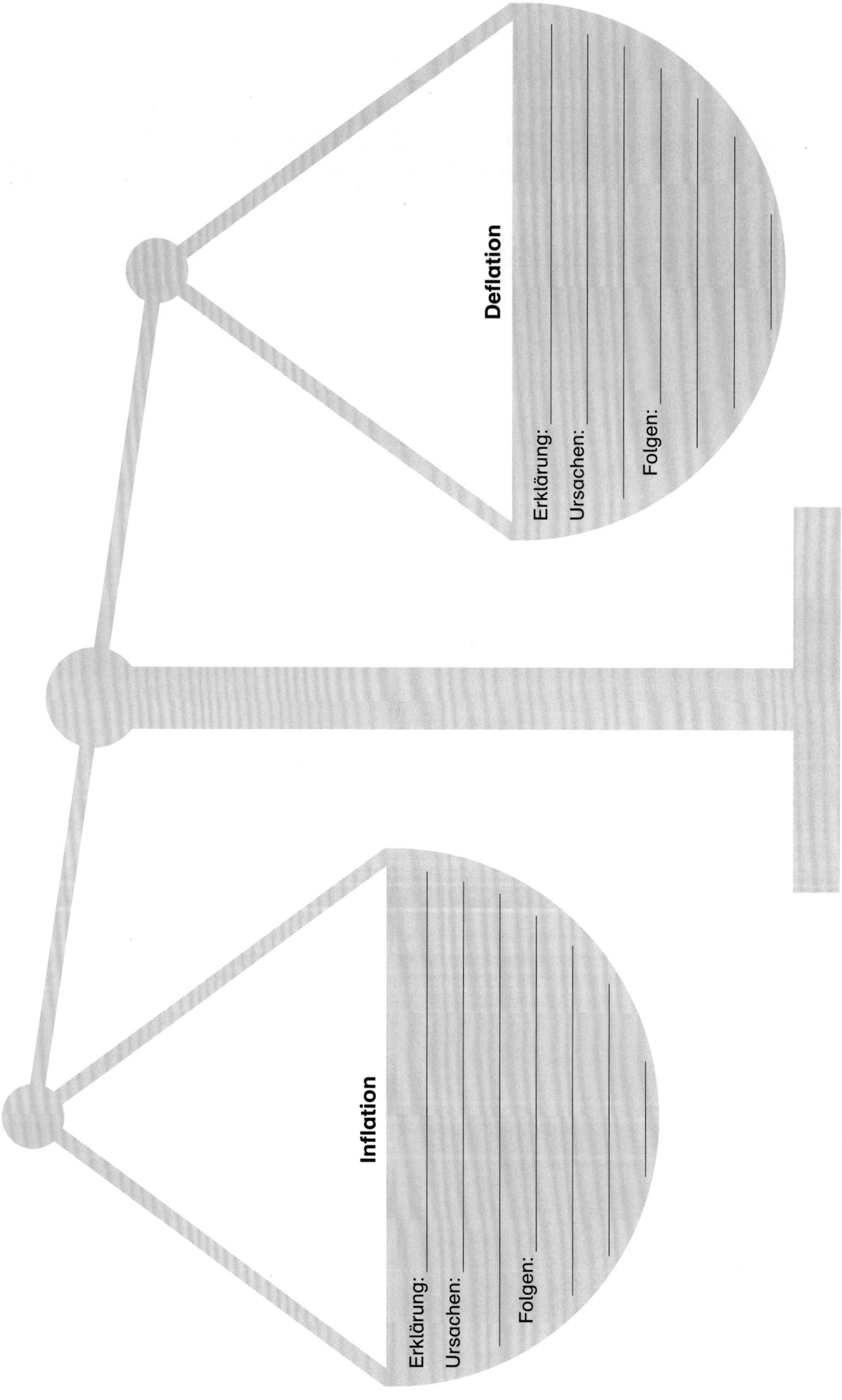

Inflation

Erklärung: ______________________

Ursachen: ______________________

____

Folgen: ______________________

____

____

____

Deflation

Erklärung: ______________________

Ursachen: ______________________

____

Folgen: ______________________

____

____

____

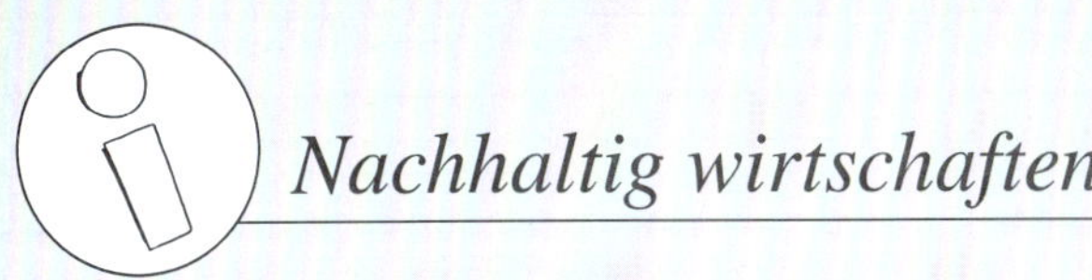

Nachhaltig wirtschaften

Didaktisch-methodische Überlegungen

Um die Umwelt zu schützen, wirtschaftliche Stabilität zu fördern, ein soziales Verantwortungsbewusstsein zu stärken und um gesellschaftliche Veränderungen anzustoßen, rückt diese Unterrichtseinheit das Thema „nachhaltig wirtschaften" in den Fokus.
In der Unterrichtsstunde „Was bedeutet nachhaltig wirtschaften?" klären die Schüler*innen mittels ihres Vorwissens und eines kurzen sowie leicht verständlichen Textes die Begrifflichkeit. So wird ein gemeinsames und grundlegendes Verständnis von nachhaltigem Wirtschaften geschaffen. Die Bedeutsamkeit des Themas wird der Lerngruppe insbesondere durch die *Aufgabe 3* transparent. Im Rahmen dieser Aufgabe ermitteln die Schüler*innen mögliche Gründe, die für bzw. gegen ein nachhaltiges Wirtschaften sprechen.
Nachhaltiges Wirtschaften ist eine gemeinsame Anstrengung verschiedener Akteur*innen. In der Unterrichtsstunde „Wie können Unternehmen und der Staat nachhaltig wirtschaften?" liegt der Schwerpunkt auf den Akteur*innen Unternehmen und Staat. Die eine Hälfte der Lerngruppe arbeitet Maßnahmen heraus, die die Unternehmen ergreifen können, die andere Hälfte der Lerngruppe arbeitet Maßnahmen heraus, die der Staat ergreifen kann, um nachhaltig zu wirtschaften. Das arbeitsteilige Erschließen möglicher Maßnahmen der Akteur*innen trägt dazu bei, dass die Schüler*innen effektiv und effizient an Informationen gelangen. Darüber hinaus wird dadurch die Kommunikationsfähigkeit der Schüler*innen gefördert, ebenso wie durch die Methode Think-Pair-Share und durch die Sozialform der Gruppenarbeit. Durch den Einsatz des Internets wird die Methodenkompetenz der Schüler*innen geschult, wie beispielsweise die Recherchefähigkeit und die sichere Nutzung von Technologien. Die Darstellung der Informationen in Form eines Schaubildes verfolgt das Ziel, vielschichtige Informationen klar zu vermitteln.
Schüler*innen werden zumeist eher dazu angehalten, Antworten zu geben als Fragen zu stellen. Das Üben des Fragenstellens fördert jedoch ein aktives und selbstgesteuertes Lernen, das über die Schulzeit hinaus von großem Nutzen ist. Daher werden die Schüler*innen im Einstieg der Unterrichtsstunde „Nachhaltige Unternehmen auf dem Prüfstand" dazu angehalten, Fragen zum Stundenthema zu formulieren. Mithilfe eines kurzen sowie informativen Textes erhalten sie insbesondere Antworten auf die Fragen „Welche Unternehmen gelten als nachhaltig?" und „Welche Kriterien muss ein Unternehmen erfüllen, um nachhaltig zu sein?". Weitere Fragen können während einer individuellen Weiterarbeit beantwortet werden.
In der Unterrichtsstunde „Wie kann ich selbst nachhaltig wirtschaften?" ermitteln die Schüler*innen Tipps, wie sie selbst zukunftsverträglich handeln können. Voraussichtlich kennen die Lernenden bereits diverse Möglichkeiten. Dieses Vorwissen wird im Einstieg mittels eines Brainstormings aktiviert. Ein zentrales Ziel der Stunde ist, neben der Auflistung und der visuellen Aufbereitung vereinzelter Tipps, die Überprüfung dieser Tipps im Hinblick auf die Umsetzbarkeit im Alltag. Auf diese Weise lernen die Schüler*innen, Informationen zu bewerten und sich für ein Handeln begründet zu entscheiden.

Kompetenzen der Unterrichtseinheit

mit Fachwissen umgehen, Methoden einsetzen

Ziel der Einheit

Die Schüler*innen werden dahingehend sensibilisiert, den Mehrwert von nachhaltigem Wirtschaften zu erkennen. Sie arbeiten – neben Möglichkeiten, die der Staat und die Unternehmen ergreifen können – Maßnahmen heraus, wie sie selbst nachhaltig wirtschaften können.

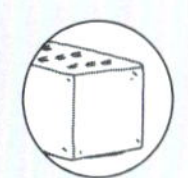

AB Was bedeutet nachhaltig wirtschaften?

Stundenziel

Die Schüler*innen erklären, was nachhaltig wirtschaften bedeutet. Darüber hinaus arbeiten sie den Mehrwert dahinter sowie Herausforderungen, die damit einhergehen, heraus.

Nachhaltig wirtschaften

Einstiegsmöglichkeit

Die Schüler*innen erklären zu zweit oder zu dritt anhand ihres Vorwissens die Begriffe „nachhaltig", „wirtschaften" und „nachhaltig wirtschaften". Sie halten ihre Ergebnisse jeweils stichpunktartig fest. Die Arbeitsergebnisse werden anschließend im Plenum zusammengetragen und an der Tafel visualisiert. Die Schüler*innen ergänzen bzw. korrigieren ggf. ihre Aufzeichnungen.

Erwartungshorizont

★ *Aufgabe 1*

nachhaltig: Langlebigkeit, Umweltschutz, Gewährleistung der Bedürfnisbefriedigung nachfolgender Generationen
wirtschaften: handeln, sinnvolle Geschäfte machen
nachhaltig wirtschaften: so handeln, dass die Umwelt geschützt wird; sparsam mit Ressourcen umgehen

★ *Aufgabe 2*

Nachhaltig wirtschaften bedeutet, Geschäfte zu machen, bei denen wir auf die Umwelt achten und unsere Ressourcen klug nutzen, damit es auch den nachfolgenden Generationen gut geht.

★★ *Aufgabe 3*

für ein nachhaltiges Wirtschaften spricht	gegen ein nachhaltiges Wirtschaften spricht
Umweltschutz	Umrüstung der Unternehmen kostet Geld
Gewährleistung der Bedürfnisbefriedigung nachfolgender Generationen	das Ablegen alter Gewohnheiten ist mit Anstrengung verbunden

Hilfestellung

Die Sozialform der Arbeit zu zweit oder zu dritt ist eine Form der Hilfestellung. Sollten die Schüler*innen in der Einstiegsphase bei der Erklärung der Begriffe trotz der Sozialform Schwierigkeiten haben, empfiehlt sich die Vorgabe einzelner Synonyme für die zu beschreibenden Begriffe (z. B.: wirtschaften = haushalten, planen).
Der Fettdruck wichtiger Informationen im Text unterstützt die Schüler*innen bei der Texterschließung.

Sicherung

Die Arbeitsergebnisse aus der Erarbeitungsphase werden im Plenum zusammengetragen. Rückfragen seitens der Lernenden werden beantwortet. Ein Bezug zum Unterrichtseinstieg wird hergestellt, indem die Aufzeichnungen vom Stundenbeginn ggf. ergänzt bzw. korrigiert werden.

AB Wie können Unternehmen und der Staat nachhaltig wirtschaften?

Stundenziel

Die Schüler*innen arbeiten mithilfe des Internets arbeitsteilig Maßnahmen heraus, die die Akteur*innen Unternehmen und Staat umsetzen können, um nachhaltig zu wirtschaften.

Einstiegsmöglichkeit

Durch ein Brainstorming zur Stundenfrage werden das Vorwissen sowie die Kreativität der Schüler*innen aktiviert. Das Brainstorming erfolgt mittels der Methode Think-Pair-Share: Die Schüler*innen brainstormen zunächst in Einzelarbeit, tauschen sich danach mit ihrem*ihrer Sitznachbar*in aus und tragen ihre Ergebnisse anschließend im Plenum zusammen.
Die Schüler*innen notieren ihre Antworten sowie die der Mitschüler*innen in Form einer Mindmap (Layout siehe Erwartungshorizont). Auch die Lehrkraft visualisiert die Antworten für alle sichtbar an der Tafel.

Vorbereitungen

Nach dem Unterrichtseinstieg werden die Schüler*innen in zwei möglichst gleich große Themengruppen eingeteilt (Gruppe 1: Unternehmen, Gruppe 2: Staat). Gruppe 1 arbeitet Möglichkeiten heraus, wie Unternehmen nachhaltig wirtschaften können, wohingegen Gruppe 2 Möglichkeiten herausarbeitet, wie der Staat nachhaltig wirtschaften kann. Je nach Lerngruppengröße können diese zwei Themengruppen noch einmal in weitere Kleingruppen unterteilt werden. Eine Gruppengröße von maximal fünf Personen ist empfehlenswert. Gruppentische vereinfachen die Zusammenarbeit. Jedem*jeder Lernenden sollte neben dem Arbeitsblatt mit den Aufgaben der jeweiligen Themengruppe *(AB 1 und 2)* die Mindmap (*AB 3)* vorliegen.

Benötigte Materialien

Für die Internetrecherche benötigt jede*r Schüler*in ein digitales Endgerät mit Internetzugang und installierter Barcode-Scan-App.

Erwartungshorizont

★ *Aufgabe 1 und 2*

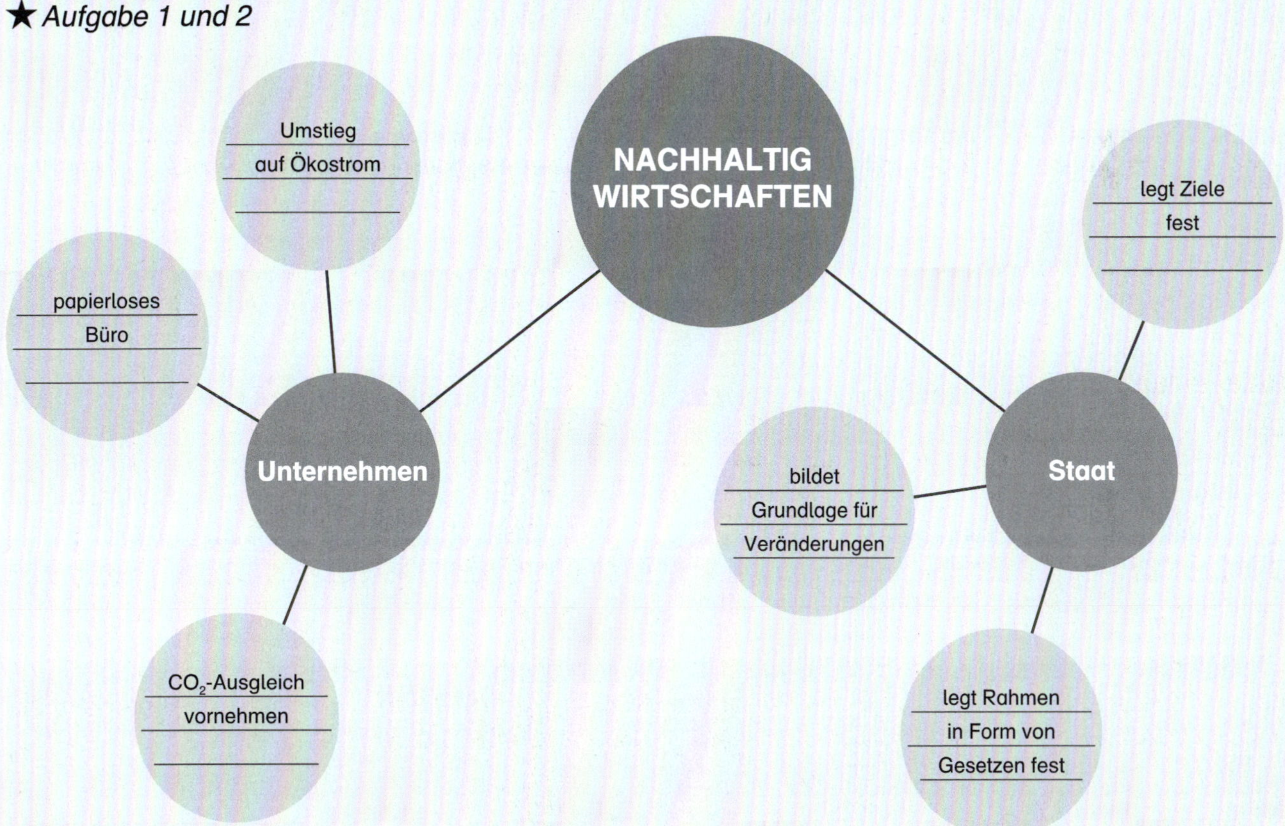

★★ *Aufgabe 3*

Themengruppe „Unternehmen": Neben der Tatsache, dass Unternehmen durch ein nachhaltiges Wirtschaften die Umwelt schützen, spricht folgender Grund dafür: Immer mehr Kund*innen legen Wert auf Nachhaltigkeit. Durch ein nachhaltiges Wirtschaften können Unternehmen also Kund*innen gewinnen. Das Umrüsten bzw. die Ausrichtung eines Unternehmens auf Nachhaltigkeit kann jedoch mit hohen Kosten verbunden sein.

Themengruppe „Staat": Ein Anreiz für den Staat, nachhaltig zu wirtschaften, ist, dass sich Unternehmen, die nachhaltig wirtschaften, dort ansiedeln. Dadurch kann der Wohlstand im Land steigen. Es kann jedoch politische Meinungsverschiedenheiten darüber geben, wie nachhaltiges Wirtschaften definiert wird. Das wiederum hat zur Folge, dass das Treffen von Entscheidungen dauern kann.

Hilfestellung

Die Vorgabe des Layouts für die Mindmap, der Austausch untereinander sowie die Leitfragen können die Schüler*innen unterstützen.

Sicherung

Die Arbeitsergebnisse aus den Themengruppen werden mündlich im Plenum zusammengetragen. Rückfragen seitens der Lernenden werden beantwortet. Die Arbeitsergebnisse von *Aufgabe 1 und 2* werden zudem in der Mindmap sowie an der Tafel ergänzt.

AB Nachhaltige Unternehmen auf dem Prüfstand

Stundenziel

Die Schüler*innen ermitteln mittels eines Informationstextes, welche Unternehmen aus welchen Gründen als nachhaltig gelten.

Einstiegsmöglichkeit

Die Schüler*innen formulieren Fragen zum Stundenthema, welche an der Tafel notiert werden.

Benötigte Materialien

Für die individuelle Weiterarbeit (s. unten) benötigen die Schüler*innen zu Hause einen Internetzugang.

Erwartungshorizont

★ *Aufgabe 1*

Elobau (Elektronikhersteller), Rapunzel (Naturkosthersteller), STEICO (Bauprodukte)

★ *Aufgabe 2*

Bezug von 100 % grünem Strom, Angebot einer Bio-Kantine für die Mitarbeitenden, Unterstützung junger Menschen mit Flucht- und Migrationserfahrung bei der Integration in den Arbeitsmarkt

★★ *Aufgabe 3*

Unternehmen können sich selbst als nachhaltig betiteln. Rankings und auch Unternehmen berücksichtigen eventuell nicht alle wichtigen Kriterien der Nachhaltigkeit. Die noch heute nachhaltige Vorgehensweise kann bereits morgen eingestellt werden.

★★ *Aufgabe 4*

mögliche Lösung: nachhaltige Lieferketten, Förderung von nachhaltiger Mobilität der Mitarbeitenden, Unterstützung von Umweltprojekten, Schulungen der Mitarbeitenden zu Themen der Nachhaltigkeit, nachhaltige Unternehmensfinanzierung, Trennsysteme für Abfall, faire Löhne und Arbeitsbedingungen, …

Hilfestellung

Sollten die Schüler*innen beim Einstieg Schwierigkeiten haben, Fragen zum Stundenthema zu formulieren, kann eine beispielhafte Frage seitens der Lehrkraft vorgegeben werden (z. B.: Welche Kriterien muss ein Unternehmen erfüllen, um nachhaltig zu sein?). Der Fettdruck relevanter Begriffe im Text unterstützt die Schüler*innen bei den *Aufgaben 1 bis 3*.

Sicherung

Im Rahmen der Sicherung werden die Arbeitsergebnisse der *Aufgaben 1 bis 4* im Plenum zusammengetragen. Rückfragen seitens der Lernenden werden beantwortet.

Weiterarbeit

Fragen vom Unterrichtseinstieg, die in der Stunde noch unbeantwortet blieben, beantworten die Schüler*innen zu Hause mittels einer Internetrecherche. Die Ergebnisse werden in der nächsten Un-

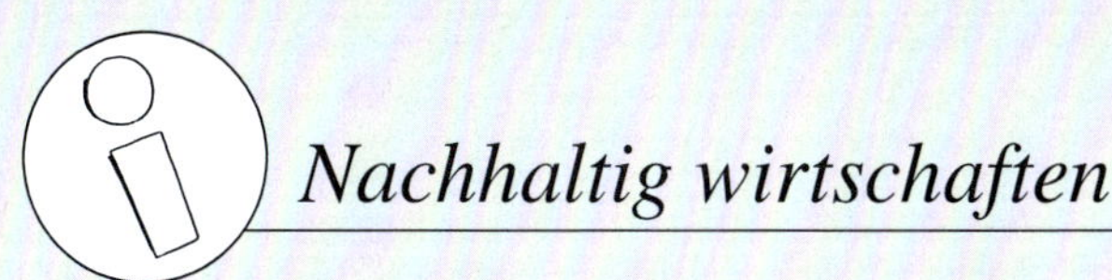

terrichtsstunde verglichen. Alternativ können die Schüler*innen zu Hause Internetrecherchen zur Nachhaltigkeit von Unternehmen, die sie interessieren, anstellen (z. B.: Wie nachhaltig ist Apple?).

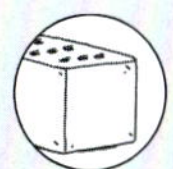

AB Wie kann ich selbst nachhaltig wirtschaften?

Stundenziel

Die Schüler*innen arbeiten mithilfe des Internets drei Tipps heraus, wie sie selbst nachhaltig wirtschaften können. Sie stellen diese Tipps in Form von Sketchnotes dar und überprüfen anschließend die Umsetzbarkeit dieser Tipps in ihrem eigenen Alltag.

Einstiegsmöglichkeit

Mithilfe eines mündlichen Brainstormings zur Stundenfrage im Plenum kann das Vorwissen der Schüler*innen aktiviert werden.

Benötigte Materialien

Für die Internetrecherche benötigt jede*r Schüler*in ein digitales Endgerät mit Internetzugang und installierter Barcode-Scan-App.

Erwartungshorizont

★ *Aufgabe 1*

Tipp 1: öfter den Zug anstelle des Flugzeuges oder Autos nutzen
Tipp 2: Fleischkonsum reduzieren
Tipp 3: Bio-Produkte kaufen

★★ *Aufgabe 2*

Mögliche Lösung: Ich wirtschafte bereits teilweise nachhaltig. Ich setze den Tipp „öfter den Zug anstelle des Flugzeuges oder Autos nutzen“ bereits um. Ich fahre mit dem Fahrrad zur Schule, mit dem Zug in die Stadt und Fernreisen mit meinen Eltern mit dem Flugzeug finden nur einmal pro Jahr statt. Hauptsächlich mache ich das, weil ich mich beim Fahrradfahren bewege, mich das Zugfahren wenig kostet und das Fliegen teuer ist.
Ich esse fast täglich Fleisch, daher setze ich den Tipp „Fleischkonsum reduzieren“ noch nicht um. Da mir Fleisch gut schmeckt und es mich sättigt, fällt es mir schwer, gar kein Fleisch zu essen. Ich könnte mir aber vorstellen, weniger Fleisch zum Wohle der Tiere und der Umwelt zu essen. Fleisch ist zudem sehr teuer.
Bio-Produkte kaufen meine Eltern und ich gar nicht, da sie teurer sind. Wenn Bio-Produkte im Angebot sind, könnte ich mir aber zugunsten der Umwelt und meiner eigenen Gesundheit vorstellen, welche zu kaufen.

★★ *Aufgabe 3*

Tipp 1:

Zug fahren

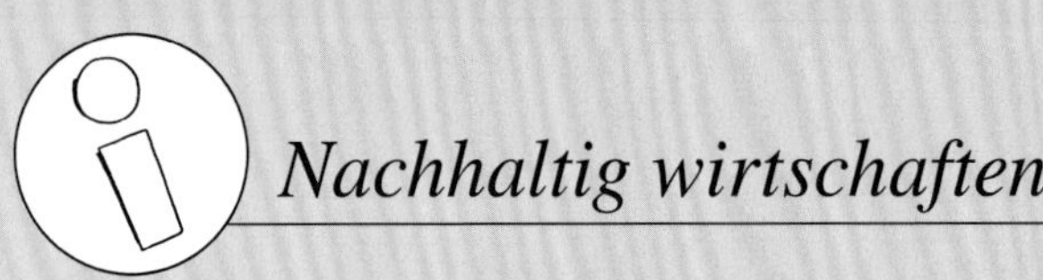

Tipp 2: Fleischkonsum reduzieren

Tipp 3: Bio-Produkte kaufen

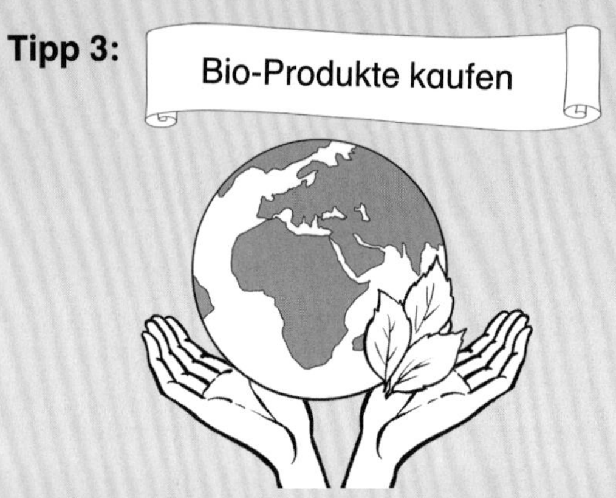

Hilfestellung

Die Erläuterung von Sketchnotes, der Austausch untereinander sowie die Leitfragen können die Schüler*innen unterstützen.

Sicherung

Die Tipps werden mündlich im Plenum zusammengetragen. Vereinzelte Schüler*innen erhalten zudem die Möglichkeit, ihre Antworten auf die *Aufgabe 2* mit der Lerngruppe zu teilen.

Weiterarbeit

Im Rahmen einer weiteren Unterrichtsstunde oder gar im Rahmen eines Projekttages könnte sich folgender Frage angenähert werden: Wie können wir als Schule nachhaltig wirtschaften? Die Schüler*innen könnten in Kleingruppen auf der Suche nach Ideen durch die Schule laufen und erste Vorschläge notieren. Mithilfe einer Internetrecherche können weitere Ideen ermittelt werden. Zugunsten der Anschaulichkeit werden diese Tipps in Form von Sketchnotes dargestellt. Die Arbeitsergebnisse könnten anschließend von den Klassensprecher*innen der Schulleitung präsentiert werden.

Was bedeutet nachhaltig wirtschaften? (1)

Die von den Menschen verursachte Verschmutzung sowie die Zerstörung der Umwelt führen zu einem Klimawandel und einer Knappheit von Dingen aus der Natur. Damit es den Menschen und der Umwelt heute und auch in der Zukunft gut geht, gilt es, nachhaltig zu wirtschaften. Doch was bedeutet das?

Schauen wir uns zunächst die Begriffe „nachhaltig" und „wirtschaften" einzeln genauer an. Etwas ist **nachhaltig**, wenn es so genutzt wird, dass es für eine lange **Zeit** besteht, ohne die **Umwelt** zu schädigen oder die Bedürfnisse (Wünsche) zukünftiger **Generationen** zu gefährden. **Wirtschaften** bedeutet, dass man klug mit Geld und Gütern **handelt**, um Bedürfnisse zu erfüllen.

Nachhaltig wirtschaften bedeutet demnach, klug über den **Handel** und die zur Verfügung stehenden **Ressourcen** (Rohstoffe, Zeit, Energie, Geld usw.) nachzudenken. Die Interessen der Gesellschaft, der Umwelt und der Wirtschaft müssen hierbei immer wieder neu gegeneinander abgewogen und in ein sinnvolles Verhältnis gebracht werden.

Unternehmen, der Staat und private Haushalte können nachhaltig wirtschaften und somit die **Umwelt schützen** sowie die **Erfüllung der Bedürfnisse** der nachfolgenden Generationen sicherstellen. Unternehmen können zum Beispiel darüber nachdenken, wie sie ihre Produkte umweltfreundlich verpacken. Der Staat kann beispielsweise Abgasvorschriften für Autos festlegen. Die privaten Haushalte können ihr Transportmittel überdenken.

Es gibt Herausforderungen, die ein nachhaltiges Wirtschaften mit sich bringen kann. Zum Beispiel **kostet** es die Unternehmen Geld, ihre Produktion entsprechend der Nachhaltigkeit umzurüsten. Ein nachhaltiges Wirtschaften in privaten Haushalten kann zunächst mit dem Ablegen alter **Gewohnheiten** verbunden sein und als anstrengend und lästig wahrgenommen werden.

★ *Aufgabe 1*

Arbeite mithilfe der Informationen aus dem Text stichpunktartig heraus, was die folgenden Begriffe bedeuten.

nachhaltig: ____________________

____

____

wirtschaften: ____________________

____

____

nachhaltig wirtschaften: ____________________

____

____

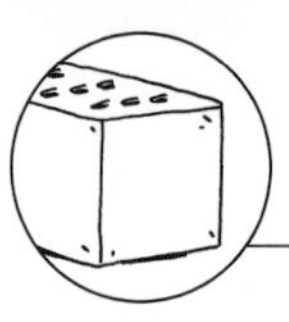

Was bedeutet nachhaltig wirtschaften? (2)

★ *Aufgabe 2*

Vervollständige mithilfe der Informationen aus dem Text auf dem ersten Arbeitsblatt und deiner Ergebnisse von *Aufgabe 1* den folgenden Satzanfang, sodass ein Merksatz entsteht. Verwende hierbei deine eigenen Worte.

Nachhaltig wirtschaften bedeutet, ______________________________

____

____

____

★★ *Aufgabe 3*

Ermittle stichpunktartig anhand der Informationen aus dem Text auf dem ersten Arbeitsblatt, was für und was gegen ein nachhaltiges Wirtschaften spricht.

für ein nachhaltiges Wirtschaften spricht	**gegen ein nachhaltiges Wirtschaften spricht**

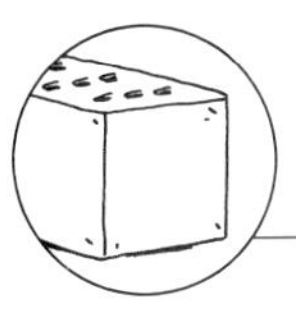

Wie können Unternehmen und der Staat nachhaltig wirtschaften? (1)

Gruppe 1: Unternehmen

Fragestellung: Wie können Unternehmen nachhaltig wirtschaften?

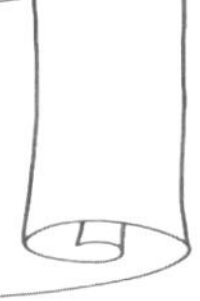

Um das Wohl der Menschen und der Umwelt sowohl heute als auch in Zukunft zu sichern, ist es wichtig, dass Unternehmen und der Staat nachhaltig wirtschaften.

 = Einzelarbeit  = Gruppenarbeit

 ★ *Aufgabe 1*

Liste mindestens drei Möglichkeiten auf, wie Unternehmen nachhaltig wirtschaften können. Die Informationen beim QR-Code können dir dabei helfen.

 ★ *Aufgabe 2*

Vergleiche mit deiner Themengruppe die Ergebnisse von *Aufgabe 1*. Nimm eventuell Ergänzungen oder Korrekturen vor. Übertrage die Ergebnisse anschließend in die Mindmap.

 ★★ *Aufgabe 3*

Stelle gemeinsam mit deiner Themengruppe Vermutungen dazu an, welche Gründe dafür- und welche dagegensprechen, dass Unternehmen nachhaltig wirtschaften. Notiere stichpunktartig jeweils mindestens einen Grund.
Folgende Leitfragen können eine Unterstützung sein: Warum ist der Schutz der Umwelt wichtig? Inwiefern können Unternehmen, die nachhaltig wirtschaften, Kunden gewinnen und ihre Verkäufe steigern? Welche Schwierigkeiten ergeben sich zum Beispiel bei der Umstellung eines Unternehmens auf Nachhaltigkeit?

Gruppe 1: Staat

Fragestellung: Wie kann der Staat nachhaltig wirtschaften?

Um das Wohl der Menschen und der Umwelt sowohl heute als auch in Zukunft zu sichern, ist es wichtig, dass Unternehmen und der Staat nachhaltig wirtschaften.

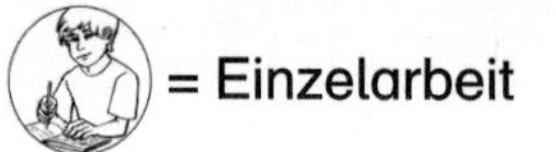

Liste mindestens drei Möglichkeiten auf, wie der Staat nachhaltig wirtschaften kann. Die Informationen beim QR-Code können dir dabei helfen.

___

___

___

Vergleiche mit deiner Themengruppe die Ergebnisse von *Aufgabe 1*. Nimm eventuell Ergänzungen oder Korrekturen vor. Übertrage die Ergebnisse anschließend in die Mindmap.

Stelle gemeinsam mit deiner Themengruppe Vermutungen dazu an, welche Gründe dafür- und welche dagegensprechen, dass der Staat nachhaltig wirtschaftet. Notiere stichpunktartig jeweils mindestens einen Grund.

Folgende Leitfragen können eine Unterstützung sein: Warum ist der Schutz der Umwelt wichtig? Inwiefern kann ein Staat, der nachhaltig wirtschaftet, ein Vorbild für andere Staaten sein und Unternehmen sowie Privatpersonen anlocken? Welche Schwierigkeiten ergeben sich zum Beispiel bei der Umstellung eines Staates auf Nachhaltigkeit?

___

___

___

___

___

Wie können Unternehmen und der Staat nachhaltig wirtschaften? (3)

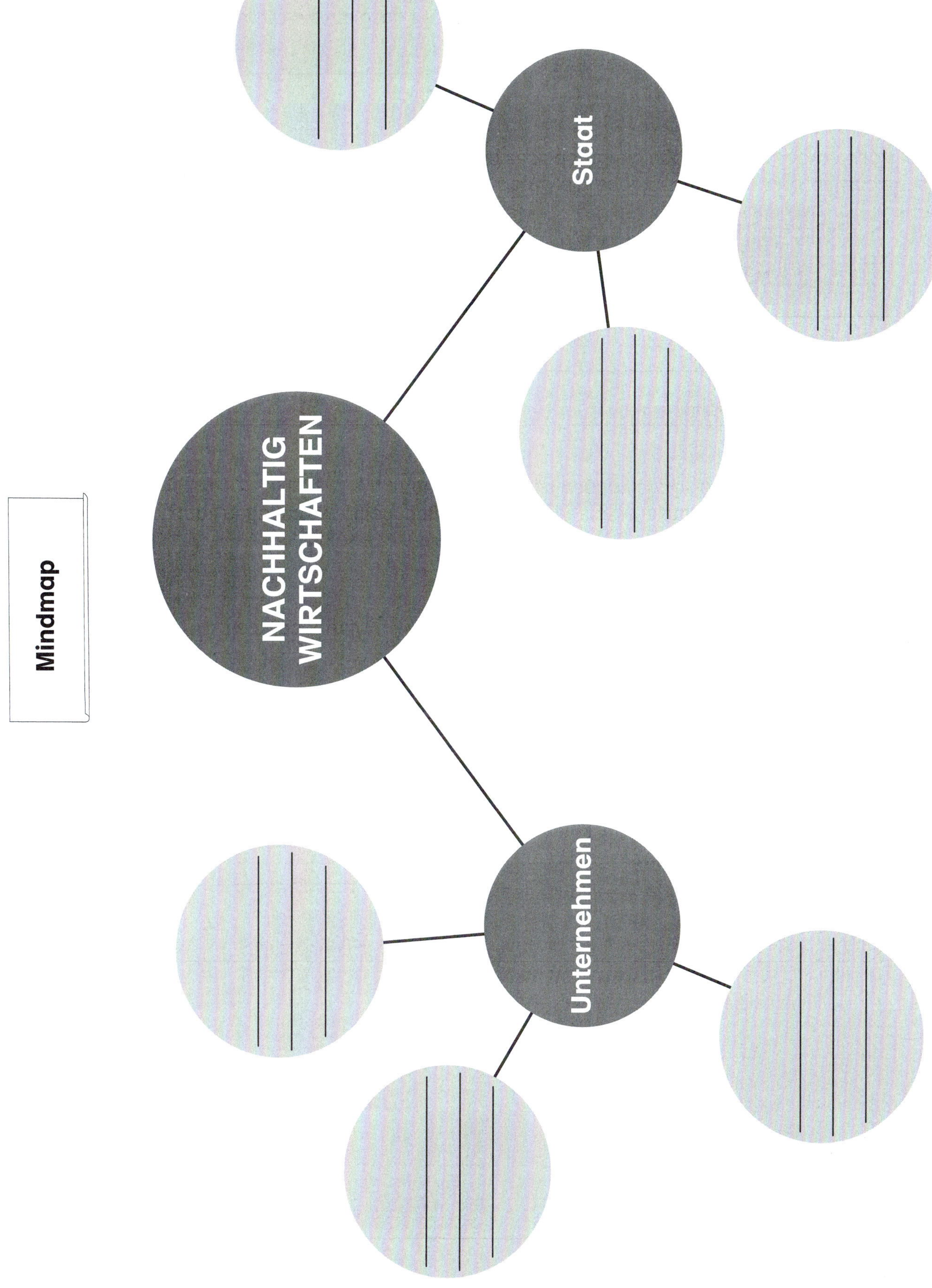

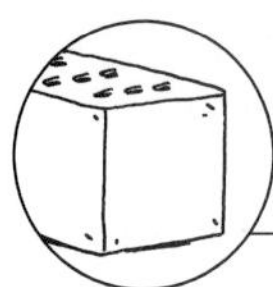

Nachhaltige Unternehmen auf dem Prüfstand (1)

Welche Unternehmen gelten als nachhaltig? Welche Kriterien muss ein Unternehmen erfüllen, um nachhaltig zu sein? Inwieweit ist ein Ranking oder eine Auszeichnung nachhaltiger Unternehmen kritisch zu hinterfragen?

Nachhaltige Unternehmen sind Unternehmen, die sich bemühen, die Umwelt zu schützen, soziale Verantwortung zu übernehmen und wirtschaftlich erfolgreich zu sein. Folgende beispielhafte **Kriterien** können ein nachhaltiges Unternehmen kennzeichnen: sparsamer Umgang mit Ressourcen wie Wasser und Energie, Abfall reduzieren, weniger CO_2 ausstoßen, Nutzung erneuerbarer Energien, Herstellung von umweltfreundlichen Produkten, angemessene Bezahlung der Mitarbeiter, ...

Laut eines **Rankings** war im Jahr 2023 der Elektrotechnikhersteller Elobau das nachhaltigste Unternehmen Deutschlands.[1] Dahinter folgten der Naturkosthersteller Rapunzel und das Unternehmen STEICO, das Bauprodukte aus nachhaltigen Rohstoffen herstellt. Bewertet wurden 4 000 deutsche Unternehmen. Das Ranking berücksichtigte Kriterien aus den Bereichen Umwelt, Soziales und gerechte Unternehmensführung. Der Elektrotechnikhersteller Elobau bezieht beispielsweise zu 100 % grünen Strom. Zudem verfügt er über eine Bio-Kantine für die Mitarbeitenden und unterstützt junge Menschen mit Flucht- und Migrationserfahrung bei der Integration in den Arbeitsmarkt.

Allgemein gesprochen können Rankings und Auszeichnungen für Unternehmen als Anreiz gelten, sich zu verbessern. Außerdem können sie Käufer bei einer Entscheidungsfindung unterstützen. Rankings und Auszeichnungen müssen jedoch auch kritisch betrachtet werden. Inwieweit ein Unternehmen, das als nachhaltig betitelt wird oder **sich selbst als nachhaltig betitelt**, wirklich nachhaltig ist, ist zu hinterfragen und mithilfe von verschiedenen Informationsquellen zu überprüfen. Möglichweise berücksichtigen die Unternehmen, Rankings und Auszeichnungen nicht **alle wichtigen Kriterien** der Nachhaltigkeit. Darüber hinaus kann ein Unternehmen, das heute noch als nachhaltig bewertet wird, bereits morgen seine **Vorgehensweise ändern**, um zum Beispiel Kosten einzusparen.

★ *Aufgabe 1*

Liste stichpunktartig anhand der Informationen aus dem Text drei Unternehmen auf, die im Jahr 2023 als nachhaltige Unternehmen Deutschlands galten.

1 Quelle: Kiani-Kreß, Rüdiger: Das sind die 50 nachhaltigsten Unternehmen: https://www.wiwo.de/unternehmen/mittelstand/ranking-das-sind-die-50-nachhaltigsten-unternehmen/29218768.html

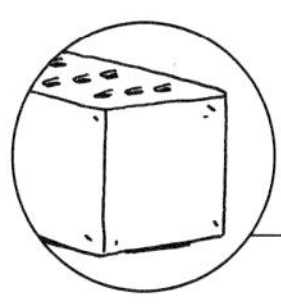

Nachhaltige Unternehmen auf dem Prüfstand (2)

★ *Aufgabe 2*

Arbeite stichpunktartig mithilfe der Informationen aus dem Text auf dem ersten Arbeitsblatt drei Nachhaltigkeitskriterien heraus, die das nachhaltigste Unternehmen Deutschlands aus dem Jahr 2023 erfüllte.

★★ *Aufgabe 3*

Gib stichpunktartig anhand der Informationen aus dem Text auf dem ersten Arbeitsblatt wieder, inwieweit Rankings und Auszeichnungen nachhaltiger Unternehmen kritisch zu hinterfragen sind.

★★ *Aufgabe 4*

Überlege dir stichpunktartig mit deinem Partner mindestens fünf weitere Maßnahmen, die ein Unternehmen ergreifen kann, um nachhaltig zu sein.

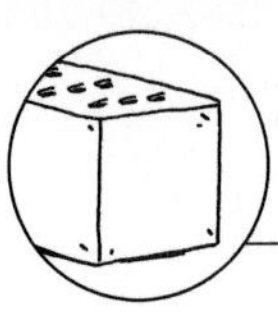

Wie kann ich selbst nachhaltig wirtschaften? (1)

Um die Umwelt, dich selbst sowie die nachfolgenden Generationen zu schützen, ist ein nachhaltiges Wirtschaften erforderlich. Doch nicht nur die Unternehmen und der Staat sind dazu aufgefordert, nachhaltig zu wirtschaften. Auch in Privathaushalten lässt sich nachhaltig wirtschaften. Welche Maßnahmen du im Alltag umsetzen kannst, um zukunftsverträglich zu handeln, erfährst du nun.

★ *Aufgabe 1*

Liste mithilfe der folgenden Informationen aus dem Internet drei Tipps auf, wie du selbst nachhaltig wirtschaften kannst. Die Informationen kannst du über den QR-Code abrufen.

★★ *Aufgabe 2*

Überprüfe, inwieweit sich die drei Tipps von *Aufgabe 1* in deinem Alltag umsetzen lassen.

Folgende Fragen unterstützen dich dabei: Welche der Tipps setzt du bereits im Alltag um? Aus welchen Gründen setzt du diese um? Welche der Tipps setzt du noch nicht in deinem Alltag um? Was hindert dich an der Umsetzung der Tipps? Welche Möglichkeiten gibt es, diese Tipps in deinen Alltag zu integrieren?

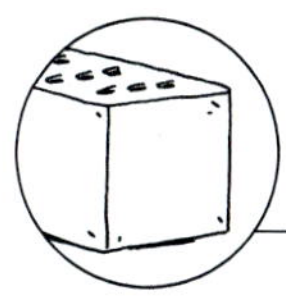

Wie kann ich selbst nachhaltig wirtschaften? (2)

★★ *Aufgabe 3*

Stelle die drei Möglichkeiten, wie du als Privatperson nachhaltig wirtschaften kannst, von *Aufgabe 1* auf dem ersten Arbeitsblatt in Form von Sketchnotes dar. Nutze dafür den leeren Zettel unten. Die Informationen, die du über den QR-Code abrufen kannst, unterstützen dich bei der Gestaltung.

Sketchnotes sind bildhafte Notizen, die aus Text und Bild bestehen. Diese Kombination aus Text und Bild sorgt dafür, dass Inhalte ansprechender vermittelt werden und besser im Gedächtnis bleiben.

Sketch = Skizze
Notes = Notizen